Das Orakel von Delphi

Das Orakel von Delphi

Geschichte und Texte

Griechisch / Deutsch

Von Marion Giebel

Philipp Reclam jun. Stuttgart

Mit 9 Abbildungen

Universal-Bibliothek Nr. 18122

Umschlagabbildung: Themis als Pythia auf dem Dreifuß prophezeit Aigeus einen Sohn. Attische Trinkschale aus Vulci, um 440–430 v. Chr. (Berlin, Antikenmuseum)
Gesamtherstellung: Reclam, Ditzingen. Printed in Germany 2001
RECLAM und UNIVERSAL-BIBLIOTHEK sind eingetragene Marken der Philipp Reclam jun. GmbH & Co., Stuttgart
ISBN 3-15-018122-4

Inhalt

Die Orakelsprüche

Einleitung

Der Omphalos

Einst wollte Zeus, so erzählt der Mythos, den Mittelpunkt der Erde festlegen. Vom westlichen und östlichen Rand der Erdscheibe ließ er zwei Adler aufsteigen, die einander entgegenflogen. Sie trafen sich in Delphi, und der Punkt des Zusammentreffens wurde durch einen eiförmigen Stein bezeichnet, den Omphalos, »Nabel«. Durch Zeus' Sohn Apollon wurde Delphi der Nabel der griechischen Welt. Auch für den Naturphilosophen Anaximander von Milet um 600 v. Chr. bildete Delphi das Zentrum seiner Erdkarte.[1] Ein Omphalos aus Kalkstein ist heute neben dem Schatzhaus der Athener in Delphi zu sehen, ein weiterer, im Museum, ist mit einem Netzwerk überzogen, in dem man die weissagenden Bienen des Parnass sehen wollte,[2] oder das Agrenon, das netzartige Gewand der Wahrsager. Er ist eine antike Nachbildung des Omphalos, der im Innern des Apollontempels stand.

Ursprünglich war ein solcher eiförmiger Stein ein Gegenstand der Verehrung: Von ihm gingen die heiligen, segenspendenden Kräfte der Erde aus, die man durch Berührung auf sich zu übertragen hoffte. (»Heilige Steine«, die man z. B. um des Kindersegens willen anfasst, gibt es bis in die heutige Zeit.) Der Omphalos von Delphi, der vielleicht auch ein Orakelstein war, gehörte zum Kult der Erdmutter Ga oder Gaia, die noch vor Apollon hier verehrt wurde.

Die einmalige Landschaft mit ihrem numinosen Charakter, der Weite und Erhabenheit, aber auch den wil-

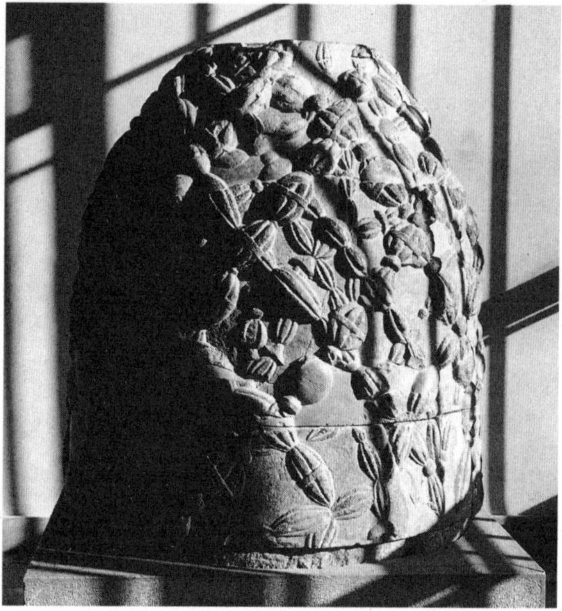

Omphalos, Delphi
(Foto: Heinrich Reclam)

den, schroffen Berghängen ließ hier schon früh den Kult einer Naturgöttin entstehen, die Fruchtbarkeit schenkte, durch den Reichtum an Quellen, aber auch Schaden tat mit Bergstürzen und Erdbeben. Kleine tönerne Frauenstatuetten, Idole aus dem 13. Jahrhundert v. Chr., belegen die Existenz eines Kultes in mykenischer Zeit.

Apollon

Um die Wende zum 1. Jahrtausend v. Chr. traten die olympischen Götter ihren Siegeszug in der griechischen Welt an. Apollon kommt nach Delphi; Phoibos, der »Strahlende«, übernimmt das Heiligtum der Erdentiefe. Der Mythos erzählt diese Übernahme auf verschiedene Weise, mehr oder weniger gewaltsam. So tötet Apollon den Drachen Python, der in einer Höhle an einer Quelle hauste. Er gilt als Sohn der Erde und Wächter ihres Heiligtums; es heißt von ihm auch, er habe die Geburt Apollons verhindern wollen und daher schon dessen Mutter Leto verfolgt, als sie schwanger über die Erde irrte. Apollon tötete den Drachen daher sogleich, noch als Kind, mit Pfeil und Bogen, Gaia trat ihm die Orakelstätte jedoch nicht widerspruchslos ab. Der kleine Apollon aber wandte sich an seinen Vater Zeus, der den wirkungsvollen Bitten des Kindes nicht widerstehen konnte und Apollon gewissermaßen in Delphi inthronisierte.[3] Aischylos beschreibt dagegen im Schlussteil der *Orestie*, den *Eumeniden*, eine legitime Abfolge göttlicher Macht. Die Priesterin spricht den Prolog vor dem Apollontempel in Delphi und verkündet: Als erste Gottheit und als *Protomantis*, als »Urwahrsagerin«, waltete Gaia hier, die Erdmutter, die von Uranos die Mutter der Titanen wurde, des älteren Göttergeschlechts, das Zeus und den Olympiern weichen musste. Auf Gaia folgte ihre Tochter Themis, die Göttin des Rechts. Als Dritte nahm, mit Willen der Themis und ohne Gewalt, Phoibe den Platz ein. Phoibes Tochter ist Leto, auch sie eine Titanin, die von Zeus die Zwillinge Artemis und Apollon auf Delos zur Welt bringt. Phoibe aber, heißt es weiter bei Aischylos, übergibt als Geburtstagsgeschenk Heiligtum und Orakelstätte ihrem Enkel Apollon, der sich seitdem

Delphi. Heiliger Bezirk
(Luftaufnahme von Osten)

Phoibos Apollon nennt. Er kommt sogleich von der Insel Delos hierher und nimmt seinen Sitz am Parnass.[4]

Auf einen Ausgleich ist diese Version gestimmt, zwischen den Göttergeschlechtern der alten Titanen und der jungen Olympier, zwischen den Kräften der Erdentiefe und des Himmels, dem Männlichen und Weiblichen. Apollon gibt sich den Beinamen Pythios[5], Pythia heißt seine Priesterin. Der Gott verdrängt also einen altangestammten Kult, aber er ist nicht zerstörerisch, sondern nimmt die religiösen Wirkkräfte in sich auf. Eine bildliche Darstellung zeigt Apollon auf dem Omphalos sitzend, umgeben von zwei weiblichen Gestalten. Hier entschloss er sich, berichtet der homerische Apollonhymnus, einen herrlichen Tempel zu bauen:

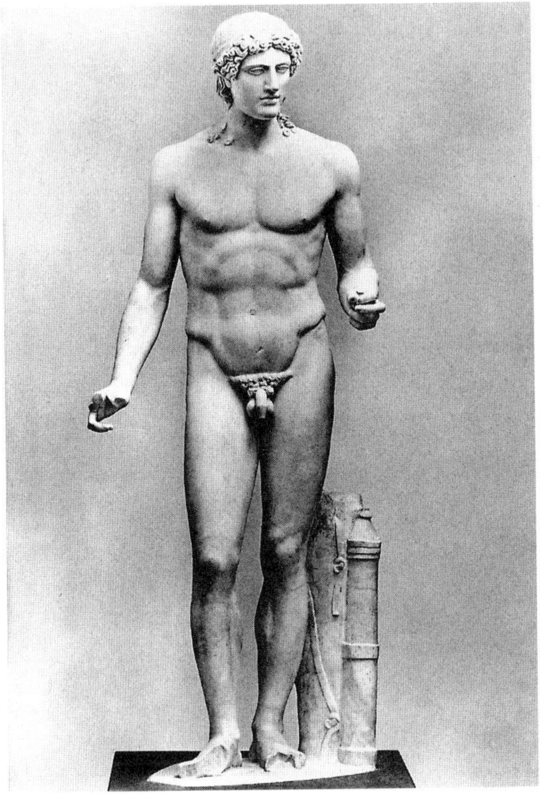

Apollon
Römische Kopie nach einer
griechischen Bronzestatue des 5. Jh.
(Staatliche Kunstsammlungen Kassel)

Gigantomachie
Delphi, Nordfries vom Schatzhaus
von Siphnos, um 525 v. Chr.
(Foto: Heinrich Reclam)

Stätte der Weissagung sei er fortan den Menschen, die stets mir
hierher zuführen werden vollzählige Hundertopfer,
sei's aus der Peloponnes, wo sie fruchtbaren Boden besitzen,
oder auch aus Europa, von Inseln, die wasserumrauscht sind,
um sich weissagen zu lassen; ich werd' ihnen unfehlbar raten,
allen nach Satzung geben Orakel im schatzreichen Tempel.

Homerischer Hymnus auf Apollon 287 ff.;
Übers. H. Brumberger

Gegensätzliches zum Ausgleich zu bringen gehört zum Wesen Apollons, den man sowohl einen ungriechischen wie einen urgriechischen Gott genannt hat. Trotz aller Bemühungen besteht keine völlige Einigkeit über die Ableitung seines Namens oder seine Herkunft; manche Züge deuten auf Kleinasien, andere wieder auf einen alten griechischen Gott der Stammes- und Geschlechterverbände.[6] Im Kreis der olympischen Götter genießt Apollon höchsten Respekt; als ἑκατηβόλος, der »Fernhintreffer«, schickt er Unheil und Pest mit seinen Pfeilen, als Paian heilt er Krankheiten, neben dem Bogen ist die Leier sein Attribut: Μουσαγέτης, der Musenführer, heißt er. Die Götter erschrecken, als er mit Pfeil und Bogen unter sie tritt, sie erfreuen sich aber auch an seinem Gesang und Leierspiel. »Die Harmonie der Welt besteht, wie die des Bogens und der Leier, aus widerstreitenden Kräften«, sagt Plutarch in Anlehnung an ein Wort des Heraklit.[7] Apollon vermag in seiner göttlichen Person die Spannungen zu beherrschen. Harmonisch und schön erscheint er in seinen Statuen, die ihn als jungen Menschen in seiner Blüte zeigen, und doch umgibt ihn hoheitsvolle Distanz. Wer mit Apollon in Verbindung tritt, erkennt sich in dieser Distanz als Mensch, als Sterblicher.

In Delphi ist die Verehrung Apollons seit der Zeit um 800 v. Chr. archäologisch nachweisbar, durch Bronzestatuetten eines Jünglings, eines Kuros, als Verkörperung Apollons.

Man fand auch Reste von bronzenen Dreifüßen (vgl. Umschlagabbildung). Ein solches Gerät, ein Gestell auf drei hohen stabartigen Beinen mit einer Pfanne oder einem Kessel, wurde im profanen wie im kultischen Bereich verwendet, zum Kochen, indem man unter dem Kessel ein Feuer entfachte, oder zum Heizen, indem man statt des Kessels eine flache Kohlenpfanne benutzte, in der auch Räucherwerk entzündet werden konnte. Kostbar verzierte bronzene Dreifüße, wie sie zum Kochen des Opferfleischs dienten, galten als passende Weihgeschenke für Gottheiten[8] und auch als Preise für Wettkämpfer bei den heiligen Spielen, so bei den Pythien in Delphi. Auf einem Dreifuß, der mit einem Deckel abgeschlossen war, saß die Pythia, wenn sie Orakel erteilte, auch Apollon ist auf einem Dreifuß thronend abgebildet. Der Mythos erzählt, dass Herakles einst nach Delphi kam. Als ihm die Pythia nicht weissagen wollte, da er mit Blutschuld beladen war,[9] raubte er den Dreifuß. Apollon kämpfte mit seinem Halbbruder um den Dreifuß, und Zeus entschied, dass dieser Apollon gehöre. Ἀπὸ τρίποδος, vom Dreifuß, wurde zur Redewendung, die etwas als wahr und authentisch bezeichnete.

Die Bedeutung des Dreifußes in Delphi geht wohl auf die ursprüngliche Form des Orakels zurück. Dieses war ein Losorakel, bei dem weiße oder schwarze Steinchen oder Bohnen aus einer Schale im Becken des Dreifußes genommen wurden, die jeweils für Ja oder Nein standen. Die Fragen waren also als Alternative: »Soll ich … oder nicht?« formuliert worden. Diese offenbar älteste Orakelform hat auch die Ausdrucksweise geprägt: Das Erteilen von Orakelsprüchen heißt aufnehmen, herausnehmen (ἀνεῖλεν von ἀναιρέομαι). Das Losorakel wurde zwar auch in späterer Zeit noch geübt, berühmt wurde Delphi aber durch seine Spruchorakel, bei denen gefragt wurde: »Was ist besser und heilsamer zu tun – λῷιον καὶ ἄμεινον?« Ursprünglich suchte man also den Rat des Gottes, und da sich die Situation, auf die er sich bezog, meist in die Zukunft erstreckte, hatte das Orakel den Charakter einer Zukunftsdeutung, einer Weissagung oder Prophetie.

Zu den die Inspiration einleitenden Riten gehörte das Berühren des Dreifußes durch die Pythia, auch als Schütteln bezeichnet, was wohl auf das Mischen der Lose im Becken des Dreifußes zurückgeht.

Das Kultpersonal

Für eine ordnungsgemäße Befragung des Orakels und die Lenkung des Pilgerstroms sorgten Priester und Kultdiener. Die Priester – in der römischen Kaiserzeit waren es zwei – wurden auf Lebenszeit gewählt; sie gehörten zu den Honoratioren der griechischen Städte, denn sie mussten einen großen Teil des Aufwandes, wie Opfertiere, Weihrauch und Baumaßnahmen, aus ihrem Vermögen bestreiten, was in den ärmeren Zeiten Griechenlands eine hohe Belastung darstellte. Freilich bot sich ihnen auch die Möglichkeit, ein weitgespanntes Netz diplomatischer und politischer Beziehungen zu knüpfen. Die Priester wurden unterstützt von den Hosioi, den Geheiligten, einem Kollegium aus fünf Männern von Delphi. Gemeinsam legten sie die offiziellen Befragungstage fest, indem sie Opfer darbrachten und feststellten, ob die Zeichen günstig waren. In der Frühzeit wurden nur einmal jährlich, am Geburtstag des Gottes,[10] Orakel erteilt, später am siebten Tag jeden Monats und im Sommer auch an den darauf folgenden Tagen. Daneben konnte man auch noch »Sondertermine« vereinbaren, immer vorausgesetzt, dass die Opfer günstig waren und dadurch anzeigten, dass der Gott bereit war, mit seiner Priesterin in Verbindung zu treten.

In diesem Falle wurden dann die Orakelsuchenden vorgelassen. Diese hatten sich zuvor Reinigungsriten unterzogen, sodann den πέλανος entrichtet, ursprünglich einen Opferkuchen, der auf den Altar gelegt und verbrannt wurde. Später wurde daraus ein Geldopfer. Außerdem mussten Opfertiere, meist Ziegen oder Schafe, beim Voropfer (πρόϑυμα) dargebracht werden. Hierbei war jeweils ein Obolus an die Opferdiener zu entrichten. Wurde das Tier nicht als Sühnopfer im Ganzen verbrannt, teilte man das Fleisch zwischen dem Gott und seinen Dienern und den Orakelsuchenden auf. Allerdings hieß es, um in Delphi satt zu werden, müsse man sich noch eine Portion Fleisch kaufen, einer jener Sprüche, die auf eine gewisse Geschäftstüchtigkeit des Kultpersonals hindeuteten.

Zur Priesterschaft gehörten auch die προφῆται, die Orakelkünder oder -übermittler. Aus dem *Ion*, dem Drama des Euripides, das in Delphi spielt, geht hervor, dass es einen Prophetes gab, der die Pilger vor dem Heiligtum empfing, sie geleitete und dafür sorgte, dass sie sich genau an das Ritual hielten. Ein anderer wartete im Innenraum des Tempels und war bei dem Spruch der Pythia zugegen.[11] Dieser Prophetes formulierte einzelne Orakelsprüche und brachte sie in eine schriftliche Form, für den Konsulenten wie auch für das delphische Archiv.

Die Pythia wurde, wohl durchs Los, aus Familien in Delphi ausgewählt, vielleicht gehörte sie zunächst zu den Frauen, die das heilige Feuer am Herd und Altar der Hestia im Apollontempel hüteten. Ursprünglich war sie ein junges Mädchen; als jedoch eine von ihnen von einem leidenschaftlich entflammten Besucher entführt worden war, versahen Frauen mittleren Alters das Amt der Pythia, das lebenslang ausgeübt wurde und zur Keuschheit und zu einem zurückgezogenen Leben verpflichtete. Wir hören von einer Pythia, die eine einfache und ungebildete Frau war, doch muss dies nicht der Normalfall gewesen sein. In den Glanzzeiten des Orakels, etwa um 550–480 v. Chr., amtierten zwei Pythien, dazu eine weitere als Stellvertreterin, um dem Strom der Orakelsuchenden gerecht zu werden, die einzeln oder als Gesandtschaft von Städten oder Herrschern kamen.

Der Ablauf der Befragung

Für die Konsulenten war eine Reihenfolge festgelegt: Zuerst kamen die Einwohner von Delphi, dann die Mitglieder der Amphiktyonie (der »Umwohner«), eines Bundes griechischer Stämme, die sich zum Schutze des delphischen Heiligtums zusammengeschlossen hatten. Nach diesen wurden diejenigen griechischen Abordnungen aufgerufen, welche die Promantie besaßen, das Vorrecht auf Befragung. Diese Bevorzugung wurde ehrenhalber verliehen, an verdiente Hellenen wie Athener und Spartaner, aber auch an großzügige Spender wie den sagenhaft reichen König Kroisos von Lydien. Im Allgemeinen galt: zuerst die Griechen, dann die Barbaren.

Über die Reihenfolge der nicht Bevorrechtigten entschied das Los. Einzelpersonen wie Delegationen mussten sich einführen lassen durch ihren πρόξενος, den Gesandten und Geschäftsträger ihrer Stadt.

Nach Erfüllung aller Rituale durften die Orakelsuchenden im Tempel zum Adyton vorschreiten, dem innersten Tempelbezirk, dem »Allerheiligsten«.

Die Pythia auf dem Dreifuß

Hier saß die Pythia auf dem Dreifuß, in der Hand einen Lorbeerzweig, vom heiligen Baum Apollons, der hier wurzelte. Sie hatte in der Quelle Kastalia ein rituelles Bad genommen, aus der Kassotisquelle getrunken, Blätter vom Lorbeerbaum gekaut und Weihrauch entzündet. Saß sie nun, wie manche Quellen berichten,[12] über einem Erdspalt, dem betäubende Dämpfe entstiegen? Ein Hirte namens Koretas soll beobachtet haben, wie seine Ziegen ein seltsames Verhalten an den Tag legten, sobald sie sich einem Erdspalt genähert hatten. Sie sprangen herum und ließen ungewohnte Laute ertönen. Als der Hirte zu der Stelle trat, wurde er von prophetischem Geist erfüllt und konnte die Zukunft voraussagen. Auch seinen Nachbarn erging es so, und schließlich kamen Pilger von überall her, manche aber fielen in ihrem prophetischen Wahnsinn in den Erdschacht und tauchten nicht wieder auf. Daraufhin beschlossen die Delpher, eine Frau aus ihrer Mitte als Prophetin für alle auszuwählen. Und sie verschlossen den Erdspalt, indem sie einen Dreifuß darüberstellten, auf dem die Prophetin thronte. Dies wurde auch beibehalten, als später ein Tempel erbaut worden war. Eine Fabel, eine Ortslegende?

Es wird zwar bisweilen von einem χάσμα γῆς, einem Erdspalt, gesprochen, vom Hinabsteigen der Pythia

Apollon auf dem Omphalos sitzend
Stater der Delphischen Amphiktyonie,
um 336–334 v. Chr.

und der Pilger, doch hat man bei den archäologischen wie den geologischen Forschungen keinen unterirdischen Raum und keine für einen Spalt durchlässigen Erdschichten gefunden. (Ob es nicht doch geologische Bruchzonen mit Erdspalten gibt, die durch Erdbeben dann geschlossen wurden, wird derzeit wieder diskutiert.) Man stieß aber auf eine etwas tiefer liegende Aussparung im Steinboden, eine Art Grube mit blankem Erdboden, zu der man auf einigen Stufen hinabstieg. Wenn hier der Dreifuß der Pythia stand, so hatte er Verbindung zur Erde und ihren Urkräften. Solche Stellen sakraler Erdhaftung, die nicht überbaut wurden, finden sich auch an anderen heiligen Stätten, so in der Apsis des Heiligtums auf Samothrake, wo die Einweihung in den Kult der Großen Götter ihren Höhepunkt hatte,[13] oder im Telesterion von Eleusis, wo das Anaktoron, die Stelle, an der im ersten Tempel die Göttin Demeter selbst gesessen hatte, stets erhalten blieb und das Zentrum der Weihehalle der Mysterien bildete. Wenn der Erdspalt also mehr spirituell als geologisch zu deuten ist, so bedeutete dies: Apollon bedient sich der »ererbten«

Kräfte der Erdentiefe. Dann müssen wir uns auch die Pythia nicht als von Dämpfen umnebelt vorstellen. So hat man gesagt: »Das delphische Pneuma war materiell nicht erfassbar, eine übernatürliche, nicht physikalische Ausströmung, der Orakelatem« (Georges Roux).

Allerdings spricht in einem Dialog Plutarchs einer der Gesprächsteilnehmer von einem Pneuma im Sinne von Erdausdünstungen[14], wie sie sich an numinosen Orten finden, und die mit dem prophetisch-göttlichen Hauch eine Verbindung eingehen und in die Seele des Menschen eintreten, der sich im Zustand seherischer Bereitschaft befindet. Hier wirkt die stoische Vorstellung herein, bei der auch das Geistige nicht immateriell gedacht wird, sondern als eine vom Göttlichen kommende, spürbar anwesende »Kraftsubstanz«. Plutarch lässt aber keinen Zweifel daran, dass für ihn Apollon mit seiner göttlichen Willenskundgebung die wirkende Kraft ist.

Göttlicher Wahnsinn – die Inspirationsmantik

Wie weissagte die Pythia nun aber? In Platons *Phaidros* erklärt Sokrates, es gäbe verschiedene Arten von Wahnsinn, μανία, darunter durchaus positiv zu bewertende: »So entstehen uns die größten Güter aus einem Wahnsinn, der jedoch durch göttliche Gunst verliehen wird. Denn die Prophetin in Delphi und die Priesterinnen zu Dodona [beim Zeusorakel] haben im Wahnsinn Vieles und Gutes in privaten und öffentlichen Angelegenheiten für Hellas bewirkt, in vernünftigem Zustand aber wenig oder gar nichts.« Durch gottbegeistertes Voraussagen der Zukunft sei vielen ein Dienst getan worden, und göttlicher Wahnsinn sei nach dem Zeugnis der Vorfahren besser als menschliche Vernunft, was Sokrates mit einem Wortspiel belegt: μανική – μαντική: »Wahnsagekunst – Wahrsagekunst.«[15]

Μαντικὴ ἔνθεος, gottbegeistertes Wahrsagen, nennt Sokrates die Kunst der Orakelpriesterinnen, und er will darüber nichts weiter sagen, denn diese Dinge seien ja δῆλα für jedermann: offensichtlich, klar und bekannt. Es scheint allgemein eine gewisse Scheu bestanden zu haben, solche göttlichen Geheimnisse, wie die Inspiration der Priesterin, ihre Verbindung mit dem Gott, expressis verbis zu schildern, obwohl es, anders als bei den Mysterienkulten, keine Pflicht zur Geheimhaltung gab. Dies führt jedoch dazu, dass wir heute, trotz weitgehender Erforschung des archäologischen und literarischen Materials, über wesentliche Fragen des Orakelvorgangs keine definitiven Antworten geben können. Hinzu kommt, dass die einzigen ausführlicheren Berichte, von Plutarch aus Chaironeia, der selbst Priester in Delphi war, aus der Spätzeit des Heiligtums, um 100 n. Chr., stammen und möglicherweise nicht repräsentativ für den gesamten Zeitraum sind. Außerdem sind auch sie von der genannten Zurückhaltung gegenüber den göttlichen Phänomenen geprägt.

So viel ist sicher: Die Pythia galt als Instrument des Gottes, der durch sie sprach:

> μαντεύομαι γὰρ ὡς ἂν ἡγῆται θεός.
>
> Weissagung geb ich, wie den Weg mich führt der Gott.
>
> Aischylos, *Eumeniden* 33

Alles Wissen, das sie vorbrachte, war das des Gottes – woher hätte sie, meinte man, eine Frau aus Delphi, in strenger Abgeschiedenheit lebend, auch etwa Kenntnisse über ferne Länder am Rande der bewohnten Welt haben sollen? Die Orakelsprüche sind meist in der ersten Person abgefasst: Apollon spricht aus seiner Priesterin, sie ist ἔνθεος, vom Gott erfüllt, sein Medium. Sie vollbrachte ihre Aufgabe in einem Trancezustand, der durch Autosuggestion herbeigeführt wurde, wie heute die mediumistische Trance (Eric R. Dodds[16]). Das Kauen des Lorbeers, die Weihrauchdämpfe, der numinose Ort schufen die Atmosphäre, doch »die Ekstase ist autogen« (Walter Burkert). Der Zustand der Entrückung ging jedoch nicht in Raserei über, wie manche dichterischen Gestaltungen dies zeigen, so bei Lucan in seinem Epos vom Bürgerkrieg, wo freilich auch ein Ausnahmezustand dargestellt werden soll.[17] Als Ausnahme schildert auch Plutarch eine missglückte Konsultation. Eine Delegation war von weit her gekommen, aber das Opfertier zeigte durch seine Reaktion, dass der Tag ungünstig war, also kein Orakel erteilt werden sollte. Die Priester halfen gewaltsam nach, und die Pythia begab sich zu ihrem Platz, aber widerstrebend und unwillig. An der Rauheit ihrer Stimme merkte man sogleich, dass sie nicht in der richtigen Stimmung war, sondern wie von einem unbekannten bösen Geist erfüllt. Schließlich steigerte sich ihre Verwirrung so sehr, dass sie aufsprang und unter unverständlichem furchtbaren Schreien zur Tür stürzte, wo sie bewusstlos zu Boden fiel. Entsetzt flohen die Besucher und selbst der Prophetes. Als sie zurückkamen, um sie aufzuheben, fanden sie die Pythia wieder bei Bewusstsein, sie starb aber wenige Tage später.

Diese Szene wird als gerade untypisch für die delphische Orakelpriesterin erzählt, für die also ein wild-ekstatischer Zustand des Außer-sich-Seins nicht üblich ist.

Solche extremen Ekstasen passen eher zu einer anderen gottbegeisterten Seherin, zur Sibylle, von der Heraklit sagt, dass sie mit rasendem Munde redet und, vom Gott getrieben, mit ihrer Stimme über tausend Jahre hinweg reicht,[18] als zur delphischen Pythia, die einen Strom von Ratsuchenden mit großenteils recht alltäglichen Anliegen vor sich hatte. Man wird ekstatische Prophetie von der apollinischen Sehergabe zu unterscheiden haben[19] und sich die Pythia eher vorstellen können wie auf dem bekannten Vasenbild (siehe Umschlagabbildung), auf dem sie ernst und konzentriert auf dem Dreifuß sitzt, eine Opferschale und den Lorbeerzweig in Händen, vor ihr ein Orakelsuchender. Genau genommen ist hier freilich keine Pythia, sondern die Göttin Themis in der Rolle der Priesterin abgebildet, die dem König Aigeus von Athen ein Orakel gibt. Man sollte jedoch in der Ablehnung des Bildes von der »rasenden« Pythia nicht so weit gehen, jeden besonderen Bewusstseinszustand auszuschließen und die Pythia als eine eher »prosaische« Alltagsratgeberin anzusehen, deren spektakuläre Orakelsprüche dichterische Erfindung seien, als Propaganda vom delphischen Klerus mit seiner »Geheimdiplomatie« ausgenützt.

Für die Parapsychologie und Anthropologie ist ein Zustand selbstinduzierter Trance, wie bei der Pythia, vorbereitet und unterstützt durch ein genau festgelegtes kulturelles Umfeld, nichts Ungewöhnliches. Es ist auch wohlbekannt, dass ein Medium Meinungen und Stimmungen der Menschen aus seiner Umgebung aufnimmt und formuliert, obwohl diese nicht zu seinem Kenntnisbereich und Wissensstand gehören. Das würde erklären, dass die Pythia, obwohl in Trance, ihre Antworten nach den Richtlinien einer »delphischen« Politik oder Religion formulierte.

In Griechenland waren spirituelle Zustände, die eine unmittelbare Verbindung mit dem Göttlichen bewirkten, zudem keineswegs auf exponierte Personen beschränkt: Jeder konnte an den Stätten der Heilgötter, wie im Asklepieion von Kos oder Epidauros, beim nächtlichen Tempelschlaf, der Inkubation, die Vision oder Traumerscheinung der Gottheit erleben, die zu ihm sprach und ihm Ratschläge für Leben und Gesundheit gab.

Die Orakelsuchenden hatten nun den Apollontempel betreten und durften sich in einen kleinen Raum (οἶκος) begeben, neben dem Adyton; sie stellten ihre Fragen wohl nicht unmittelbar an die Pythia, sondern an den Prophetes. Dies galt auf jeden Fall für Abgesandte, die ihre Anliegen schriftlich mitbrachten, in versiegelter Form, und sie dem Prophetes zum Vorlesen übergaben. Privatleute konnten ihre einfacheren Fragen mündlich stellen. Hierauf war oft nur eine knappe Antwort in Form eines Ja oder Nein erforderlich. Sie alle hörten die Stimme der antwortenden Priesterin, die selber wohl hinter einem Vorhang saß.

Wortlaut und Form der Orakelsprüche

Hat nun der Prophetes die Worte der Pythia in eine Form, in Verse, gebracht? Wie weit hat er sie verändert? Konnte er dies überhaupt, da doch die Fragesteller die Pythia gehört hatten? Hier kommen wir an die Grenzen unseres Wissens. Wenn wir uns den inneren Zustand der Orakelsuchenden vergegenwärtigen, die nach langer, beschwerlicher Reise, nach den vielfältigen rituellen Vorbereitungen, angesichts der imponierenden Kulisse der Tempelanlagen, nun endlich im Allerheiligsten weilten, wird man mit einiger Verwirrung und Ergriffenheit rechnen müssen. Freilich nahmen sie wahr, was Apollon ihnen kündete, doch eine exakte Wiedergabe des Wortlauts wäre ihnen sicher schwergefallen. Die Delegationen von Städten und Königen mussten aber selbstverständlich eine genaue schriftliche Formulierung der Antwort mit nach Hause bringen, und auch der einzelne Pilger wollte daheim den Seinen genau künden, was der Gott gesagt hatte.

So ergibt es sich, dass der Prophetes, allein oder mit den Hosioi, die Sprüche aufzeichnete. Freilich deuteten die Priester sie nicht, sondern beließen ihnen den dunklen, mehrdeutigen Charakter, der so typisch für das delphische Orakel war, dass man den Beinamen Apollons, Loxias, als »der Schräge, der Vieldeutige«, damit in Verbindung brachte.[20] Der Philosoph Heraklit hatte um 500 v. Chr. gesagt: »Der Herr, dem das Orakel von Delphi gehört, erklärt nicht, verbirgt nicht, sondern deutet an.«

Sprach die Pythia in Versen? Dies ist eine weitere Streitfrage, bei der wir uns auf eine Schrift Plutarchs beziehen können, die beweist, dass die Vorgänge in Delphi schon im Altertum zu Fragen Anlass gaben. In seinem Dialog *Warum die Pythia heutzutage nicht mehr in Versen spricht* (*De Pythiae oraculis*), wird die Frage aufgeworfen, ob sich in der jetzt üblichen Prosaform der Orakel ein Niedergang manifestiere, ein Nachlassen der Inspiration am Orakelort. Dies wird nachdrücklich zurückgewiesen: Es habe auch früher neben den Versorakeln Sprüche in Prosa gegeben, in früheren Jahrhunderten sei aber die Versform für jede Art literarischer Vermittlung weithin üblich gewesen, erst allmählich habe sich die Prosa durchgesetzt, die heute die gängige sprachliche Form darstelle. Diesem allgemeinen kulturgeschichtlichen Wandel, dem Übergang von der Poesie zur Prosa, habe sich auch das Orakel von Delphi nicht verschlossen.

Im Übrigen sei der Wandel auch historisch und politisch bedingt: In der heutigen Zeit, heißt es bei Plutarch, also unter der Herrschaft der Kaiser Roms, gibt es keine weltbewegenden Probleme mehr zu lösen in Griechenland – wie damals im Perserkrieg, als es um Sein oder Nichtsein ging. Was aber an Anfragen aus dem Alltagsleben der Durchschnittsmenschen kommt – sollte die Pythia darauf in hochtönenden Hexametern antworten? Entscheidend ist im Grunde nur die prophetische Eingebung, nicht die sprachliche Form. Der Gott gab der Pythia stets nur die Gedanken ein, nicht den Wortlaut der Orakel. So weit die Gesprächspartner in Plutarchs Dialog; man wird daraus jedoch nicht folgern, dass die Pythia immer in Prosa gesprochen und die Orakel nachher in Versform gebracht worden waren.

Im Orakelheiligtum Apollons in Klaros bei Kolophon in Kleinasien, das zur Römerzeit großen Zulauf hatte, amtierte ein Priester, der die Orakel in Versen gab, obwohl er meist der Verskunst, ja der Schrift unkundig war. Dies behauptet jedenfalls Tacitus aus seiner Kenntnis heraus.[21]

Mit der Orakelverkündung ist oft das Wort ἀείδειν ›Verse singen‹ verbunden: Die Pythia singe die Rufe Apollons, sagt der junge Ion, der im delphischen Tempel Dienst tut. Auch im Zusammenhang mit der Heilkunst des Asklepios taucht dieser Begriff auf: Asklepios heilte, wie Pindar sagt, nicht nur mit Salben und Arzneien, sondern μαλακαῖς ἐπαοιδαῖς[22], mit sanften Gesängen, das heißt mit heilenden Sprüchen als Verordnungen, die er den Heilungsuchenden in Versform mitgab.

Solche »Merkverse« waren in allen Kulturen üblich – man denke an die heute noch bekannten Bauern- und

Wetterregeln; man nutzte sie vor allem in Zeiten, da es mit dem Gedächtnis besser bestellt war als mit der Schreib- und Lesefähigkeit. Es gab aus dem Bereich des lange mündlich tradierten griechischen Epos einen großen Vorrat an Formelversen, die sich wörtlich oder mit geringen Veränderungen als Antwort auf verschiedene Anliegen gebrauchen ließen. Im Übrigen gehörte die Kunst, zu bestimmten Anlässen mehr oder weniger aus dem Stegreif Verse zu machen, zum gesellschaftlichen Rüstzeug: Beim Symposion war es in der archaischen Zeit Sitte, die Kithara herumgehen zu lassen. Jeder Teilnehmer des Gastmahls leistete einen Beitrag in Versform. Auch in unserer Zeit ist es noch vielfach üblich, bei festlichen Gelegenheiten ad hoc mit selbstverfassten Versen aufzuwarten.

Man kann also annehmen, dass die Pythia auch in Versen antwortete, im leicht formbaren Hexameter und in jambischen Versen, was freilich nicht ausschließt, dass die langen metrischen Auskünfte, wie sie Herodot in seinem Geschichtswerk anführt, nachträglich in diese Form gebracht worden waren. Man weiß auch, dass es im Umkreis aller Orakelheiligtümer Verseschmiede gab, die sich dafür bezahlen ließen, den Orakeln eine kunstvolle Form zu geben.

Die Orakelsprüche

1

Delphi und die Kolonisation

Die besondere Rolle von Delphi im Vergleich zu anderen Orakelstätten beruhte auf seiner Einflussnahme auf politische und gesellschaftliche Verhältnisse in Griechenland: Sein Rat war gefragt, wenn sich eine Stadt eine neue Verfassung gab, Kultreformen vornahm oder eine Neugründung plante, wie während der Zeit der großen griechischen Kolonisationsbewegung zwischen etwa 750 und 530 v. Chr. Die Aussendung einer Siedlergruppe in die Fremde war ein einschneidendes Ereignis, das nicht ohne göttlichen Schutz erfolgen konnte. Überbevölkerung, Landmangel und daraus entstehend Armut und Hungersnot, aber auch die Suche nach Rohstoffen und Absatzmärkten trieben viele Griechen dazu, ihre Heimat zu verlassen. An den Küsten Unteritaliens, Siziliens, Nordafrikas und des westlichen Mittelmeeres bildeten sich Pflanzstädte, ebenso wie im Osten am Schwarzen Meer, bis in die ukrainischen Gebiete hinein.[23]

Man wandte sich mit Vorliebe an Apollon, wenn man eine Auswanderung plante. Im Gegensatz zu den anderen großen panhellenischen Göttern wie Zeus und Poseidon eignete ihm offenbar etwas Dynamisches: Er war selbst von Delos nach Delphi aufgebrochen und hatte sich dort einen neuen Sitz begründet. Von den Griechenstädten Kleinasiens aus befragte man sein Orakel in Didyma bei Milet; für den Westen des Mittelmeeres aber wurde der delphische Apollon zum 'Ἀρχηγέτης, zum Anführer und Gründer. Der Dichter Kallimachos hebt in seinem Apollonhymnus den Gott hervor: Unter seiner Leitung entstehen überall Stadtanlagen; Phoibos erfreut sich an der Gründung von Städten. Im Erbauen von Grundmauern übte sich der Gott schon als Kind, indem er auf seiner Geburtsinsel Delos den später berühmten Hörneraltar für seine Schwester Artemis errichtete.[24]

Zunächst fragte man wohl nur an, ob man ausziehen solle oder nicht, was durch das Losorakel beantwortet werden konnte oder auch durch eine einfache Antwort der Pythia: λῷιον καὶ ἄμεινον – »Besser und vorteilhafter ist es …«.

Man ließ sich vom Gott einen Πυθόχρηστος ἡγεμών bestimmen, den vom Orakel genannten Anführer, der die Auswanderergruppe mit göttlicher Autorität leitete und am neuen Wohnort die religiösen Zeremonien durchführte, wie sie der Gott aufgetragen hatte. Nur durch die Neuetablierung des Kultes war gewährleistet, dass die fremde Stätte zur Heimat werden konnte. Die Götter nahmen sozusagen als Erste das Land in Besitz und legitimierten die Ansiedlung.

Das Ziel wählte man nach mehr oder weniger sicheren Auskünften von Seefahrern und Händlern, in Gegenden nahe der Küste, wo man sich fruchtbares Ackerland, Bodenschätze oder einen Handelsplatz erhoffte. Hatte man dabei Glück gehabt, wurde eine Abordnung nach Delphi gesandt, um dem Gott zu danken, der zum Aufbruch ermutigt hatte, und um weitere Ratschläge einzuholen. Wer nicht gefunden hatte, was er suchte, wandte sich ebenfalls hilfesuchend an Apollon. Hatten sich die

Neugründungen etabliert, schickten sie regelmäßig Festgesandtschaften nach Delphi. Auf diese Weise strömten Kenntnisse aus aller Herren Länder dort zusammen, die von der Priesterschaft gesammelt und verwertet wurden und von denen auch die Pythia nicht ausgeschlossen war. Delphi wurde zwar nicht gerade zum »Kolonialamt« mit einem »brain trust«, aber doch zu einem Informationszentrum, wo jeder Ratsuchende nicht nur die Pythia, sondern Besucher von überallher befragen konnte. Die zahlreichen kostbaren Weihungen, von Statuen bis zu Schatzhäusern, dokumentierten jedermann, wo es prosperierende Siedlungen rings ums Mittelmeer gab.

Geradezu als ein Modellfall für eine Koloniegründung, die sich auf das delphische Orakel stützte, wurde in der antiken Überlieferung Kyrene in Libyen angesehen, dessen antike Ruinen (mit der Hafenstadt Apollonia) heute noch eine Sehenswürdigkeit bilden. Herodot erzählt Folgendes (4,150–159): Grinnos, der König der Insel Thera (Santorin), kam nach Delphi, um ein Orakel einzuholen. Obwohl er nicht wegen einer Auswanderung angefragt hatte, erhielt er den Spruch, er solle in Libyen eine Stadt gründen. Grinnos antwortete, er sei für ein solches Unternehmen zu alt; Apollon möge doch einen der Jüngeren aus seiner Begleitung dazu auffordern. Er wies dabei auf einen jungen Mann namens Battos. Es geschah damals aber nichts; die Leute von Thera ließen den Orakelspruch unbeachtet, denn sie wussten gar nicht, wo Libyen überhaupt liege, und wollten auch nicht das Wagnis auf sich nehmen, Kolonisten ins Ungewisse auszusenden. Nun blieb aber ganze sieben Jahre lang der Regen in Thera aus, sogar die Bäume verdorrten, und man schickte nach Delphi mit der Frage, was man tun solle. Die Pythia aber erinnerte an die Koloniegründung in Libyen. Die ratlosen Theraier fanden schließlich auf Kreta einen Seefahrer, den es einmal an die Küste von Libyen verschlagen hatte. Mit ihm als Führer kamen sie zu einer der libyschen Küste vorgelagerten Insel, Platea am östlichen Rand der Großen Syrte, und besetzten diese. Nun wurde bestimmt, dass aus allen sieben Gemeinden von Thera immer einer von zwei Brüdern um die Auswanderung losen sollte, das heißt, es musste ein Sohn aus allen Familien fortgeschickt werden, in denen es zwei oder mehr Erben gab.

Die Theraier rüsteten sich, zwei Schiffe mit etwa 100 Mann zu der libyschen Insel zu schicken, ihr Anführer sollte jener Battos sein, der einst mit dem alten König in Delphi gewesen war. Herodot meint freilich, er habe gar nicht Battos geheißen,[25] das sei vielmehr der libysche Name für König, und die Pythia habe ihn so angeredet, weil sie voraussah, dass er in Libyen König werden würde. Er selbst wollte das freilich gar nicht; nach Delphi kam er, weil er einen Sprachfehler hatte, dem er gerne abhelfen wollte. Die Pythia aber gab ihm folgendes Orakel (in zwei kunstlosen Versen, die auch einer weniger gebildeten Priesterin durchaus zuzutrauen wären):

> Βάττ᾽ ἐπὶ φωνὴν ἦλθες. ἄναξ δέ σε Φοῖβος ᾽Απόλλων
> ἐς Λιβύην πέμπει μηλοτρόφον οἰκιστῆρα.
>
> Battos, du kamest, die Stimme zu finden, doch Phoibos Apollon
> Sendet nach Libyen dich, dem herdenreichen, als Gründer.
>
> Herodot 4,155,3; Übers. E. Richtsteig

Battos richtet seine Antwort nicht an die Pythia, sondern an den Gott: »Herr, ich kam allerdings zu dir, um mir einen Spruch geben zu lassen wegen meiner Stimme, du aber weissagst mir ganz anderes, Unmögliches, du heißest mich, Libyen zu besiedeln – mit welcher Streitmacht, mit welcher Mannschaft?« Doch trotz dieser Worte beredete er den Gott nicht zu einem anderen Spruch. Als er ihm ebenso weissagte wie zuvor, verließ ihn Battos, noch während er sprach, und begab sich nach Thera. So Herodot, der die Missachtung des Orakels noch deutlicher macht, indem er nicht die Pythia, sondern den göttlichen Urheber des Spruches selbst als Redenden nennt. Battos und die Leute von Thera werden daraufhin von allerlei Unglück heimgesucht und schicken wieder nach Delphi. Die Pythia erteilt ihnen die Antwort, es werde ihnen besser gehen, wenn sie mit Battos Kyrene in Libyen besiedeln. Sie machen sich nun auf und nehmen ihren Wohnsitz auf der Insel Platea vor der libyschen Küste, die sie bereits besetzt hatten. Zwei Jahre hausen sie dort mehr schlecht als recht, dann aber fahren sie nach Delphi und beschweren sich: Sie bewohnten nun Libyen, aber es gehe ihnen keineswegs besser.

Die Pythia verkündete im Namen ihres Gottes:

αἰ τὺ ἐμεῦ Λιβύην μηλοτρόφον οἶδας ἄμεινον,
μὴ ἐλθὼν ἐλθόντος, ἄγαν ἄγαμαι σοφίην σευ.

Wenn du besser als ich, der ich dort war, Libyen kennest,
Du, der du nicht dort warst, so bewundere ich deine Weisheit.

Herodot 4,157; Übers. E. Richtsteig

Battos und seine Leute verstehen nun, dass der Gott sie aufs Festland schicken wollte. Sie lassen sich in Aziris nieder, gegenüber von Platea auf dem Festland, und ziehen später an einen noch besseren Ort im Binnenland, der reich und fruchtbar war. Eine Quelle floss dort, nach Kyrene genannt, der kühnen Jägerin und Geliebten Apollons.[26]

631 v. Chr. wurde die Stadt Kyrene gegründet; die umliegende Region, die Kyrenaika, blieb bis in die Römerzeit eine blühende, ertragreiche Landschaft. Battos und seine Nachfolger wurden reich durch den Handel mit der Silphionpflanze, die vielfältige Verwendung als Nahrungs- und Arzneimittel fand; sie erbauten sich die Hafenstadt Apollonia. Nun wollten viele Griechen nach Libyen, von den Kyrenaikern wie auch von der Pythia aufgefordert, die sagte:

ὃς δέ κεν ἐς Λιβύην πολυήρατον ὕστερον ἔλθῃ
γᾶς ἀναδαιομένας, μετά οἵ ποκά φαμι μελήσειν.

Wer erst spät nach Libyen geht, dem gepriesenen Lande,
wenn es die Felder verteilt, dem sag ich: er wird es bereuen.

Herodot 4,159; Übers. H. Beckby

Ein besonderer Triumph war es für die ehemaligen Siedler aus Thera, als ihr König Arkesilaos im Jahr 462 v. Chr. bei den Pythischen Spielen in Delphi den vornehmsten Sieg errang, im Wagenrennen mit dem Viergespann. Der Dichter Pindar verfasste zwei Siegesoden (Pyth. 4; 5) für den gottgeliebten Herrn aus dem Geschlecht des Battos, den Apollon Archagetas einst von Delphi aus hierher nach Kyrene geführt hatte:

Dort hat einst die Priesterin, Beisassin der goldenen Adler des Zeus, / als Apollon anwesend war, Battos als Besiedler des fruchttragenden Libyen prophetisch genannt, / auf dass er gründe, nachdem er endlich die heilige Insel verlassen, / eine wagenberühmte Stadt auf glänzendem Hügel.

Pindar, *Pythien* 4,4 ff.; Übers. E. Dönt

Aus Kyrene stammt der hellenistische Dichter Kallimachos, der stolz darauf ist, ein Battiade zu sein, aus dem Geschlecht des Gründers von Kyrene, und der die Bindung zum delphischen Apollon hervorhebt:

Nie gab andern Städten er Segnungen, gleich wie Kyrene.
[...] Aber des Battos
Stamm auch ehrt nicht einen der Himmlischen höher als Phoibos.

Kallimachos, *Apollonhymnus* 94 ff.; Übers. K. Schwenk

Später kam es im Gebiet von Kyrene zu Ständekämpfen und Streitigkeiten mit den Umwohnern. Da fragten die Bewohner in Delphi an, was sie tun sollten, um ihre Verhältnisse zu regeln. Der Gott forderte sie auf, sich einen καταρτιστήρ, einen Ordner und Schiedsrichter zu holen, Demonax aus Mantineia. Dieser nahm grundlegende Reformen vor, eine Organisation der Bevölkerung in einzelne Stämme und die Neuverteilung der Güter, wobei das Volk gegenüber den Aristokraten bevorzugt wurde.[27]

Ähnlich wie die Kyrenaika rühmten sich auch sizilische Städte eines pythischen Gründungsorakels. Naxos, um 756 v. Chr. an der Ostküste Siziliens von Chalkidiern und Naxiern gegründet, war die älteste sizilische Kolonie. Die Siedler errichteten Apollon als dem Archegetes, dem »Gründerführer«, einen Altar, an dem noch später jeder opferte, der in offizieller Mission von Sizilien nach Griechenland reiste.

Auch Syrakus führte seine Gründung auf ein Orakel aus Delphi zurück. Pausanias zufolge hatte Apollon den Korinther Archias mit folgenden Worten ausgesandt:[28]

> Ὀρτυγίη τις κεῖται ἐν ἠεροειδέι πόντῳ
> Θρινακίης καθύπερθεν, ἵν' Ἀλφειοῦ στόμα βλύζει
> μισγόμενον πηγαῖσιν ἐυρρείτης Ἀρεθούσης.

> Ortygie liegt im dämmernden Meer
> über Trinakie, wo des Alpheios Mündung aufsprudelt,
> sich mischend mit den Quellen der schön fließenden Arethuse.
>
> Pausanias 5,7,3; Übers. E. Meyer

Auf der dem Festland vorgelagerten Insel am Südostrand Siziliens, Ortygia nach einer heiligen Stätte der Artemis benannt, befand sich eine starke Quelle, und dieses Süßwasservorkommen im Meer gab wohl Anlass zu dem Mythos von der Quellnymphe Arethusa, die vor dem sie in Liebe verfolgenden Flussgott Alpheios von der Peloponnes unter dem Meer hin bis hierher geflohen sei.[29] Auf der Insel und der an sie anschließenden Festlandzunge entstanden seit 733 v. Chr. die ersten Häfen von Syrakus.

Auf der Südwestseite Siziliens liegt Gela, für das es zwei die Etymologie des Namens erklärende Gründungsgeschichten gibt.[30] Antiphemos aus Rhodos kam nach Delphi, um sich wahrsagen zu lassen. Die Pythia ging gar nicht auf seine Fragen ein, sondern erklärte, er müsse zum Untergang der Sonne segeln und dort eine Stadt gründen. Auf diese unerwartete Antwort hin musste Antiphemos lachen, und nach diesem Vorfall nannte er seine Gründung Gela (von γελᾶν ›lachen‹). Glaubwürdiger erscheint die andere Version: Zwei Brüder aus Rhodos, Antiphemos und Entimos, befragten die Pythia wegen der Gründung einer Kolonie, und sie antwortete:

> Ἔντιμ' ἠδὲ Κράτωνος ἀγακλέος υἱὲ δαΐφρον,
> ἐλθόντες Σικελὴν ⟨καλὴν⟩ χθόνα ναίετον ἄμφω,
> δειμάμενοι πτολίεθρον ὁμοῦ Κρητῶν Ῥοδίων τε
> πὰρ προχοὰς ποταμοῖο Γέλα συνομώνυμον ἁγνοῦ.

> Entimos und du, kluger Sohn des berühmten Kraton, geht nach Sizilien und bewohnt dies schöne Land, ihr beiden, nachdem ihr eine Stadt gegründet habt von Kretern und Rhodiern zusammen, bei der Mündung des heiligen Flusses Gela, und gleichen Namens mit diesem.
>
> Diodor 8,23

Am Ende der Kolonisationszeit gab es in jeder der neuen Städte rings ums Mittelmeer – wie schon lange bei den Spartanern – Gesandte (Πύθιοι), die regelmäßig nach Delphi kamen und den Willen des Gottes erkundeten. Von Apollonia in der Kyrenaika, dem Altar Apollons beim sizilischen Naxos bis zu Apollonia in Epirus spannte sich ein Netz delphischen Einflusses.

Seit dem 6. Jahrhundert v. Chr. war Delphi wirklich der Nabel der griechischen Welt, und seine Anziehungskraft reichte sogar noch darüber hinaus.

2

Herodot und Kroisos

In seinem Geschichtswerk nennt Herodot eine Vielzahl von delphischen Orakeln. Ihre Authentizität ist keineswegs gesichert, ja sie wird, wie gerade die der bekanntesten Orakel, in Zweifel gezogen, nicht erst in der neueren Zeit, sondern schon bei Cicero in seiner Schrift *Über die Weissagung*.[31] Die bei Herodot genannten Sprüche wurden jedoch in der Antike bis in die Spätzeit hinein allgemein für authentisch gehalten;[32] sie gingen vom Bild des delphischen Orakels als einer antiken Institution aus und prägten dieses Bild wiederum maßgebend. Daher müssen sie hier, wie die übrigen angeführten Orakel, in ihrem Zeugnischarakter betrachtet und gewürdigt werden. Was den prophetischen Aussagewert der delphischen Orakel allgemein angeht, so gilt hier, was bei Cicero in der genannten Schrift[33] so formuliert wird: Das delphische Orakel wäre niemals so berühmt gewesen, wenn es sich nicht durch die höchste Wahrheit, *summa veritate*, ausgezeichnet hätte. Eine Wahrheit in einem höheren Sinne ist dem delphischen Gott und seinem Orakel auf jeden Fall zuzusprechen.

In der Geschichte des Lyderkönigs Kroisos dienen die Orakelsprüche aus Delphi als Mittel der Komposition, durch die sich das der Tragödie nahestehende Geschichtsdenken Herodots erschließt. Einer der Vorgänger des Kroisos war Kandaules, den Herodot als den Ersten in einer langen Reihe von Machthabern einführt, die in eitler Selbstüberschätzung und Verblendung ihr Schicksal herausfordern und den Kernspruch des delphischen Gottes missachten, der da lautet: »Erkenne dich selbst, das heißt dass du begrenzt, gefährdet und sterblich bist.«

Kandaules war überzeugt, die schönste Frau zu besitzen, was er sich von seinem Waffenträger Gyges bestätigen lassen wollte. Er will ihm die Königin nackt im Schlafgemach zeigen. Widerstrebend willigt Gyges ein, die Königin bemerkt ihn und stellt ihn zur Rettung ihrer Ehre vor die Alternative, entweder Kandaules zu töten und sie und die Herrschaft zu übernehmen oder selbst zu sterben. Gyges wählt Leben, Frau und Thron, und als sich die Lyder wegen des Königsmordes empören, wird eine Gesandtschaft nach Delphi beschlossen. Man will sich dem Spruch des Orakels unterwerfen. Apollon rät, Gyges als Herrscher anzuerkennen; dem Königsgeschlecht des Kandaules werde jedoch Genugtuung zuteil werden durch den fünften Nachkommen des Gyges – ein Spruch, den man erst verstehen konnte, als er hundert Jahre später in Erfüllung ging.

Das Ansehen, das Delphi im 6. Jahrhundert auch bei Nichtgriechen hatte, ist erstaunlich; selbst wenn sich die Thronbesteigung des Gyges eher im Zuge einer Palastrevolution vollzogen hat, so ist nicht daran zu zweifeln, dass er reiche Weihgeschenke nach Delphi sandte, die man in späterer Zeit noch dort sehen konnte. Die Lyderkönige führten Krieg gegen die Griechenstädte an der Westküste Kleinasiens, und das delphische Orakel suchte auf geschickte Weise, den Landsleuten zu helfen. Alyattes, der Vater des Kroisos, sandte wegen einer langwierigen Krankheit Boten nach Delphi, die Pythia erklärte jedoch, sie werde ihnen kein Orakel erteilen, bis der König den Athenatempel wieder aufgebaut habe, den er im Kampf mit Milet zerstört hatte. Dies hat Herodot übrigens, wie er betont,[34] von den Delphern selbst gehört: Es war also im Tempelarchiv verzeichnet.

Alyattes schickt Boten wegen eines Waffenstillstandes, so lange bis er den Tempel wieder aufgebaut habe. Die Griechen helfen mit einer List etwas nach, und schließlich sind sie und die Lyder Gastfreunde und Bundesgenossen. Der König aber wurde wieder gesund und stiftete kostbare Weihgeschenke nach Delphi.

Sein Nachfolger Kroisos residiert in seiner goldgeschmückten Königsstadt Sardes, sprichwörtlich reich und überzeugt, der Glücklichste aller Menschen zu sein, was er sich vom weisen Solon aus Athen bestätigen lassen will. Dieser vermag jedoch keinen Menschen vor dem Tode glücklich zu preisen und verweist den König auf die Unberechenbarkeit des Schicksals. Die anwachsende Macht der Perser, die sich bis an die Ostgrenze seines Reiches erstreckt, lässt Kroisos auf Gegenmaßnahmen sinnen. Er möchte sich von einem Orakel beraten lassen und will zuvor feststellen, welches das Beste ist. Er stellt mehrere Orakel auf die Probe, ein bedenkliches Vorgehen, und schickt unter anderem nach Didyma, nach Dodona, ja bis in die nordafrikanische Wüste zum Orakel des Zeus Ammon in der Oase Siwa. Jede seiner Gesandtschaften sollte von der Abreise an die Tage zählen und am hundertsten Tag jeweils das Orakel fragen, was er, Kroisos, jetzt gerade tue. Die Antworten sollten sie sich aufschreiben lassen und ihm überbringen. Herodot zufolge weiß man nicht, was die anderen Orakel verkündet haben, in Delphi aber habe die Pythia in Hexametern Folgendes geantwortet:

οἶδα δ' ἐγὼ ψάμμου τ' ἀριθμὸν καὶ μέτρα θαλάσσης,
καὶ κωφοῦ συνίημι καὶ οὐ φωνεῦντος ἀκούω.
ὀδμή μ' ἐς φρένας ἦλθε κραταιρίνοιο χελώνης
ἑψομένης ἐν χαλκῷ ἅμ' ἀρνείοισι κρέεσσιν,
ᾗ χαλκὸς μὲν ὑπέστρωται, χαλκὸν δ' ἐπίεσται.

Weiß ich doch der Sandkörner Zahl und die Masse des Meeres,
Selbst den Stummen vernehm' ich, und den nicht Sprechenden hör' ich;
Duft von Schildkröte wurd' mir bewusst, dem gepanzerten Tiere,
Die in ehernem Kessel gekocht wird, und Stücke von Lammfleisch,
Erz ist daruntergelegt, und Erz wird ruhn auf dem Kessel.

Herodot 1,47; Übers. E. Richtsteig

Die Gesandten kehrten mit sämtlichen versiegelten Sprüchen der Orakel nach Sardes zurück, Kroisos entfaltete sie, prüfte sie, und keines fand seine Billigung, bis er das aus Delphi vernahm. Es hatte herausgefunden, was er sich so listig ausgedacht hatte: Eine Schildkröte und ein Lamm hatte er geschlachtet und in einem Bronzekessel mit Deckel gekocht.

Wie dieser Spruch zustande kam, ist schwer zu beantworten. War es ein Erfolg der delphischen Geheimagenten, die sich umhörten, während die Priester die Delegation aus Sardes festhielten? Hatte die Pythia in ihrem medialen Zustand besondere Fähigkeiten im Bereich der Präkognition und Fernwahrnehmung (Telepathie) – ein »zweites Gesicht«?

König Kroisos war nach seinem Orakeltest jedenfalls von Delphi als untrüglicher Instanz überzeugt und erwies sich sogleich erkenntlich, indem er Gold- und Silberschätze, gewaltig an Größe wie an Wert, nach Delphi sandte. Und dazu hatte er eine weitere Anfrage: ob er gegen die Perser in den Krieg ziehen solle. Die Pythia antwortete:[35]

Κροῖσος Ἅλυν διαβὰς μεγάλην ἀρχὴν καταλύσει.

Kroisos wird, überschreitend den Halys, zerstören ein
Großreich.

Aristoteles, *Rhetorik* 1407a 38

Der Halys (heute Kizilirmak) bildete die Grenze zwischen Lydien und Persien, das unter seinem König Kyros (559–529 v. Chr.) auf dem Weg zur Weltmacht war. Als Kroisos den Götterspruch vernahm, freute er sich unmäßig, denn er war überzeugt, er werde das Königreich des Kyros zerstören. Und er schickte abermals nach Delphi, mit reichen Gaben für alle Bewohner, wofür diese sich erkenntlich zeigten, indem sie dem lydischen König die Promantie, den Vorrang bei der Orakelbefragung, einräumten, was Ausländern im Allgemeinen nicht zustand. Wieder hat er eine Frage – seit er sich von der Zuverlässigkeit des delphischen Orakels überzeugt hatte, bediente er sich seiner im Übermaß, bemerkt Herodot: Kroisos instrumentalisiert das Orakel. Nun will er wissen, ob seine Königsherrschaft von langer Dauer sein werde. Die Pythia verkündet ihm Folgendes:

ἀλλ' ὅταν ἡμίονος βασιλεὺς Μήδοισι γένηται,
καὶ τότε, Λυδὲ ποδαβρέ, πολυψήφιδα παρ' Ἕρμον
φεύγειν, μηδὲ μένειν, μηδ' αἰδεῖσθαι κακὸς εἶναι.

Aber erst wenn ein Maultier den Medern als König
gebietet,
Dann, zartfüßiger Lyder, entflieh' zum steinigen
Hermos,
Flieh, und zögere nicht! Fürcht' nicht, als Feigling zu
gelten!

Herodot 1,55; Übers. E. Richtsteig

Hierüber freut sich Kroisos wieder sehr, denn ein Maultier könne doch nicht König sein. Also würden weder er selbst noch seine Nachkommen der Herrschaft beraubt werden. Daraufhin beginnt er siegesgewiss seine Rüstungen gegen die Perser und überschreitet den Halys. Nach einer großen Schlacht wird er in seiner Königsresidenz Sardes von Kyros belagert und gerät bei der Einnahme der Stadt in Gefahr, von einem hereindringenden persischen Soldaten niedergehauen zu werden. Da erfüllt sich ein delphisches Orakel, das man seinerzeit nicht verstanden hatte. Kroisos hatte für einen Sohn, der taubstumm war, nach vergeblichen Heilungsversuchen in Delphi um Rat gefragt. Die Pythia hatte geantwortet:

Λυδὲ γένος, πολλῶν βασιλεῦ, μέγα νήπιε Κροῖσε,
μὴ βούλευ πολύευκτον ἰὴν ἀνὰ δώματ' ἀκούειν
παιδὸς φθεγγομένου. τὸ δέ σοι πολὺ λώιον ἀμφὶς
ἔμμεναι· αὐδήσει γὰρ ἐν ἤματι πρῶτον ἀνόλβῳ.

Lydischer Spross, du König von vielen, gar törichter Kroisos,
Wünsche dir nicht, die ersehnte Stimme im Hause zu hören
Deines sprechenden Sohnes. Viel besser, du würdest verzichten.
Sprechen wird er zuerst am Unglück bringenden Tage.

Herodot 1,85; Übers. W. Sontheimer

Nun, als er seinen Vater in höchster Gefahr erblickte, brach es aus dem Sohn heraus: »Mensch, töte Kroisos nicht!« Eine Schocktherapie: Von da an konnte er sprechen.

Am Ende findet sich Kroisos besiegt und gefangen auf dem Scheiterhaufen und erinnert sich an die Worte des Weisen aus Athen, dass keiner vor seinem Ende glücklich zu preisen sei. Seinen verzweiflungsvollen Ruf: »Solon, Solon!« hört der persische Sieger; er lässt sich erklären, was die Worte bedeuten, und will seinen Gefangenen retten. Doch der Scheiterhaufen brennt schon. Da ruft Kroisos den Gott von Delphi um Beistand an, und Apollon schickt einen Gewitterguss, der die Flammen löscht. Kroisos aber, in Gnaden aufgenommen vom Perserkönig, bittet um die Erlaubnis, Landsleute nach Delphi schicken zu dürfen. Sie sollten dem Gott Fesseln auf die Schwelle legen und ihn fragen, ob er sich nicht schäme, durch seine Sprüche Kroisos zum Feldzug gegen die Perser veranlasst zu haben. Und ob es Sitte sei bei den griechischen Göttern, sich undankbar zu erweisen für so viele reiche Gaben.

Bei Herodot heißt es: Als die Lyder ankamen und ihre Aufträge vorbrachten, soll die Pythia Folgendes geantwortet haben (offenbar in Prosa):

> Τὴν πεπρωμένην μοῖραν ἀδύνατά ἐστι ἀποφυγεῖν καὶ θεῷ. Κροῖσος δὲ πέμπτου γονέος ἁμαρτάδα ἐξέπλησε, ὃς ἐὼν δορυφόρος Ἡρακλειδέων δόλῳ γυναικηίῳ ἐπισπόμενος ἐφόνευσε τὸν δεσπότεα καὶ ἔσχε τὴν ἐκείνου τιμὴν οὐδέν οἱ προσήκουσαν. προθυμεομένου δὲ Λοξίεω ὅκως ἂν κατὰ τοὺς παῖδας τοῦ Κροίσου γένοιτο τὸ Σαρδίων πάθος καὶ μὴ κατ' αὐτὸν Κροῖσον, οὐκ οἷός τε ἐγένετο παραγαγεῖν Μοίρας. ὅσον δὲ ἐνέδωκαν αὗται, ἤνυσέ τε καὶ ἐχαρίσατό οἱ· τρία γὰρ ἔτεα ἐπανεβάλετο τὴν Σαρδίων ἅλωσιν, καὶ τοῦτο ἐπιστάσθω Κροῖσος ὡς ὕστερον τοῖσι ἔτεσι τούτοισι ἁλοὺς τῆς πεπρωμένης. δεύτερα δὲ τούτων καιομένῳ αὐτῷ ἐπήρκεσε. κατὰ δὲ τὸ μαντήιον τὸ γενόμενον οὐκ ὀρθῶς Κροῖσος μέμφεται· προηγόρευε γάρ οἱ Λοξίης, ἢν στρατεύηται ἐπὶ Πέρσας, μεγάλην ἀρχὴν [αὐτὸν] καταλύσειν. τὸν δὲ πρὸς ταῦτα χρῆν εὖ μέλλοντα

Kroisos auf dem Scheiterhaufen
Amphora, Athen, 500–490 v. Chr.
(Paris, Louvre)

βουλεύεσθαι ἐπειρέσθαι πέμψαντα κότερα τὴν ἑωυτοῦ ἢ τὴν Κύρου λέγοι ἀρχήν. οὐ συλλαβὼν δὲ τὸ ῥηθὲν οὐδ' ἐπανειρόμενος ἑωυτὸν αἴτιον ἀποφαινέτω. [ᾧ] καὶ τὸ τελευταῖον χρηστηριαζομένῳ εἶπε [τὰ εἶπε] Λοξίης περὶ ἡμιόνου, οὐδὲ τοῦτο συνέλαβε. ἦν γὰρ δὴ ὁ Κῦρος οὗτος ἡμίονος· ἐκ γὰρ δυῶν οὐκ ὁμοεθνέων ἐγεγόνεε, μητρὸς ἀμείνονος, πατρὸς δὲ ὑποδεεστέρου· ἡ μὲν γὰρ ἦν Μηδὶς καὶ 'Αστυάγεος θυγάτηρ τοῦ Μήδων βασιλέος, ὁ δὲ Πέρσης τε ἦν και ἀρχόμενος ὑπ' ἐκείνοισι καὶ ἔνερθε ἐὼν τοῖσι ἅπασι δεσποίνῃ τῇ ἑωυτοῦ συνοίκεε. ταῦτα μὲν ἡ Πυθίη ὑπεκρίνατο τοῖσι Λυδοῖσι, οἱ δὲ ἀνήνεικαν ἐς Σάρδις καὶ ἀπήγγειλαν Κροίσῳ. ὁ δὲ ἀκούσας συνέγνω ἑωυτοῦ εἶναι τὴν ἁμαρτάδα καὶ οὐ τοῦ θεοῦ.

»Dem vorherbestimmten Geschick zu entfliehen ist unmöglich, selbst für einen Gott. Kroisos hat die Schuld seines Vorgängers aus dem fünften Glied büßen müssen, der als Speerträger der Herakliden [des Gyges] den Ränken einer Frau nachgab und seinen Herrn ermordete und die Ehrenstellung innehatte, die ihm keineswegs zukam. Loxias [Apollon] wünschte zwar, dass das Unglück von Sardes erst über die Kinder des Kroisos käme und nicht über Kroisos selbst. Er war aber nicht imstande, die Schicksalsgöttinnen von ihrem Weg abzubringen. Soweit sie jedoch nachgaben, hat er alles getan und Kroisos begünstigt. Drei Jahre hat er die Einnahme von Sardes aufgehalten, und das soll Kroisos wissen, dass er um diese drei Jahre später gefangen genommen wurde, als das Schicksal es eigentlich bestimmt hatte. Und zum Zweiten ist er ihm, als er auf dem Scheiterhaufen verbrannt werden sollte, zu Hilfe gekommen. Was aber den Orakelspruch angeht, der ihm erteilt wurde, so ist der Tadel des Kroisos nicht berechtigt. Es hat ihm Loxias ja vorhergesagt, wenn er gegen die Perser ziehe, werde er ein großes Reich zerstören. Er hätte

daraufhin, wenn er gut beraten sein wollte, hinschicken und fragen sollen, ob der Gott sein eigenes Reich oder das des Kyros meine. Dass er aber den Spruch nicht verstand und nicht noch einmal angefragt hatte, dafür soll er sich selbst als schuldig bekennen. Und den letzten Orakelspruch, den ihm Loxias gab, über das Maultier, den hat er auch nicht verstanden. Kyros war nämlich dieses Maultier. Er stammt ja von zwei nicht gleichwertigen Völkerschaften ab: Seine Mutter ist von vornehmerer Herkunft, sein Vater von geringerer. Sie war eine Mederin und die Tochter des Mederkönigs Astyages, der Vater war Perser, den Medern untertan, und obwohl er gänzlich unter ihr stand, war er doch mit ihr als seiner Herrin verheiratet.«
Das verkündete die Pythia den Lydern; sie brachten die Antwort nach Sardes und meldeten sie dem Kroisos. Als dieser sie hörte, erkannte er, dass er die Schuld trug und nicht der Gott.

Herodot 1,91

Der König hatte sich nicht gut beraten, erklärt ihm Apollon: In Verblendung und Selbstüberschätzung, verführt von seinem Glück und Reichtum, hat er die delphische Maxime außer Acht gelassen: Γνῶθι σαυτόν! – »Erkenne dich selbst!« Das heißt, sei dir bewusst, dass du ein Mensch bist und dem Wechsel des Schicksals unterworfen. »Erkenne dich selbst: Damit sagt der Gott: Sei besonnen«, erklärt Sokrates.[36] Hybris, der Hochmut, macht uneinsichtig, er erzeugt Ate, die Verblendung und das Unheil. Ob sich die Ereignisse nach der Einnahme von Sardes 546 v. Chr. historisch so abgespielt haben oder nicht – Herodot hätte sie jedenfalls nicht so darstellen können, wenn das Orakel von Delphi zu seiner Zeit nicht diese bedeutende Rolle innegehabt hätte, wegweisend nicht nur in politischen Dingen, sondern im Sinne einer »delphischen Ethik«.

3

Delphische Weisheit

Stammt das berühmte Wort von der Selbsterkenntnis, γνῶθι σαυτόν, vom delphischen Apollon? Man war sich schon in der Antike nicht einig darüber, ob es ein Sprichwort, ein Orakelspruch aus Delphi oder ein Ausspruch der berühmten Sieben Weisen sei. Diese waren der Überlieferung nach einst in Delphi zusammengekommen. Pausanias berichtet bei seiner Beschreibung des Apollontempels von Delphi Folgendes:[37]

> Im Pronaos [der Vorhalle] sind Lebensweisheiten für die Menschen angeschrieben; aufgezeichnet wurden sie von Männern, die die Griechen als weise bezeichnen. Das waren Thales von Milet und Bias von Priene, Pittakos von Mytilene auf Lesbos, Kleobulos von Lindos auf Rhodos, Solon aus Athen, Chilon aus Sparta. Als den Siebten nennt Platon statt Periander von Korinth den Myson von Chenai, einem Dorf im Oitagebirge. Diese Männer nun kamen nach Delphi und weihten dem Apollon die berühmten Sprüche: »Erkenne dich selbst« und: »Nichts im Übermaß«. Sie schrieben also hier die genannten Sprüche auf.

Man hat die Aussprüche auch den einzelnen Weisen zugeordnet, wie z. B.:[38]

> Thales: γνῶθι σαυτόν – Erkenne dich selbst!
> Solon: μηδὲν ἄγαν – Nichts im Übermaß!
> Chilon: ἐγγύα· πάρα δ'ἄτα – Bürgschaft – schon ist Unheil da!

Pittakos: καιρὸν γνῶθι – Erkenne den passenden Augenblick!
Bias: οἱ πλεῖστοι κακοί – Die Meisten sind schlecht.
Kleobulos: μέτρον ἄριστον – Maß ist das Beste.
Periander: μελέτη τὸ πᾶν – Alles ist Übung.

Auf volkstümliches Erzählgut geht der Weisheitswettstreit zurück, mit der Geschichte vom Dreifuß.[39] Fischer von Milet zogen mit ihrem Fang einen Dreifuß herauf, um den ein Streit entstand. Die Bürger von Milet wandten sich an das Orakel von Delphi, und der Gott verkündete:

ἔκγονε Μιλήτου, τρίποδος πέρι Φοῖβον ἐρευνᾷς;
τίς σοφίᾳ πρῶτος πάντων, τούτῳ τρίποδ' αὐδῶ.

Leute Milets, ihr fragt mich, was mit dem Dreifuß geschehn soll;
Ich sag, wer von allen der Weiseste, soll ihn besitzen.

Diogenes Laertios 1,28; Übers. F. Jürß

Die Milesier gaben ihn ihrem Mitbürger Thales, der ihn jedoch an einen der anderen Weisen weitergab, bis der Dreifuß zu Solon gelangte. Solon aber sandte ihn nach Delphi, denn der Gott sei der Weiseste. Das Orakelheiligtum Apollons von Didyma bei Milet wäre die nächste Anlaufstelle für den Dreifuß gewesen, doch waren die Geschichten um die Sieben Weisen an Delphi gebunden, ihrer Aussprüche wegen, die in der Knappheit ihrer Form und ihrer Gedankenfülle mit den gnomischen Spruchweisheiten des delphischen Apollon zu verbinden waren.[40]

Die Weisen, von deren Treffen in Delphi die Überlieferung erzählte, waren Männer von praktischer Klugheit und Lebenserfahrung. Als der Skythe Anacharsis, der auch unter die Weisen gerechnet wird,[41] in Delphi anfragte, ob einer weiser sei als er selbst, habe die Pythia geantwortet:[42]

> Οἰταῖόν τινα φημὶ Μύσων' ἐνὶ Χηνὶ γενέσθαι
> σοῦ μᾶλλον πραπίδεσσιν ἀρηρότα πευκαλίμῃσιν.
>
> Einen vom Oita bestimm ich, Myson, der in Chenai geboren,
> Und mit Geist und Verstand weit besser begabt ist, als du bist.
>
> Diogenes Laertios 1,106; Übers. F. Jürß

Anacharsis wollte diesen unbekannten Weisen kennen lernen; er machte sich auf in das Dorf Chenai und traf Myson, wie er im Sommer seinen Pflug herrichtete. »Aber Myson«, sagte er, »jetzt ist doch keine Zeit für den Pflug!« – »Nein, aber Zeit, ihn auszubessern.« Dieser Myson mit seiner an Hesiod anklingenden Ackerbauernweisheit, mit der Kenntnis des καιρός, des rechten Zeitpunkts, soll von Platon anstelle von Periander und von Eudoxos von Knidos statt Kleobulos in die Liste der Sieben Weisen aufgenommen worden sein.[43] Im 4. Jahrhundert v. Chr., in der Zeit der Polisdemokratie, hatten Stadtherrscher, »Tyrannen«, wie Periander von Korinth und Kleobulos von Lindos, kein Anrecht mehr auf einen Platz unter den Weisen. Ursprünglich hatte das Orakel, wenn es wirklich einen solchen Spruch gab, der Selbstgewissheit des Fragenden einen Dämpfer versetzen wollen, wie im Fall eines reichen Mannes, der sich aufgrund seiner teuren Opfergaben und Geschenke für den Allerfrömmsten hielt. Er erhielt jedoch den Spruch:[44]

ἀλλά μοι εὔαδε χόνδρος ἀγακλυτοῦ Ἑρμιονῆος.

Aber mir ist die Handvoll Körner wohlgefälliger, die mir der wackere Mann aus Hermione darbringt.

PW 2, Nr. 242

Der Gott zog der Hekatombe von Stieren mit vergoldeten Hörnern das Scherflein eines schlichten, frommen Bauern vor. Im delphischen Geist der Selbsterkenntnis und Selbstbescheidung entstanden viele Weisheitssprüche, die dem Orakel zugeschrieben wurden.

Die Frage nach dem Allerweisesten wurde später noch einmal gestellt: Chairephon, ein Freund des Sokrates, fragte in Delphi an, ob jemand weiser sei als dieser, und die Pythia verneinte es.[45] Sokrates bezieht sich in seiner Verteidigungsrede vor seinen Richtern auf diesen Spruch, der gewissermaßen der Ausgangspunkt und der Antrieb für seine Tätigkeit gewesen sei. Er habe sich keineswegs für einen Weisen gehalten und nun begonnen, seine Mitbürger zu befragen, um festzustellen, ob sie nicht mehr wüssten als er. Er wollte den Orakelspruch erproben und merkte dabei, dass er den anderen in gewisser Weise voraus war: Er war sich bewusst, nichts zu wissen. Indem er seinen Mitbürgern aber als Gehilfe des Gottes zeigte, dass sie nicht weise waren, zog er sich ihre Feindschaft zu, die ihn nun vor Gericht gebracht hat. Sokrates sieht seine Tätigkeit als einen Auftrag des delphischen Gottes an und damit als eine Wohltat für die Bürger. Dafür verdient er seiner Meinung nach Lohn und Ehre und nicht den Tod. Und sein berühmtes letztes Wort nimmt noch einmal Bezug auf das Orakel, als Quintessenz delphischer Weisheit und Frömmigkeit: »Aber schon ist es Zeit zu gehen, ich zu sterben, ihr zu leben. Wer von uns aber zum Besseren geht, das ist jedermann verborgen, außer allein dem Gott.«[46]

4
Krieg und Frieden – Religion und Politik

Wer mit Pausanias als Reiseführer durch den heiligen Bezirk in Delphi wandert, wird geradezu erdrückt von der unabsehbaren Menge von Weihgeschenken: Altäre, Säulen, Statuen von Göttern, Menschen und Tieren, meist mit Inschriften, die von Siegen und Erfolgen künden. Sie beziehen sich nicht immer auf hilfreiche delphische Orakel, sondern demonstrieren Größe und Ruhm einzelner Persönlichkeiten oder Städte sowie den Sieg der Wettkämpfer bei den Pythischen Spielen. Delphi war die Ruhmeshalle Griechenlands. Seit den Perserkriegen war es Brauch, den Zehnten der Beute nach Delphi zu schicken, in barer Münze oder in Form von Statuen oder anderen Kunstgegenständen. Besondere Kostbarkeiten wurden in den Schatzhäusern der einzelnen Städte aufbewahrt, wie in dem heute wieder aufgebauten Schatzhaus der Athener. Eine eingemeißelte Inschrift erinnert an die Schlacht von Marathon 490 v. Chr.

Perserkriege

Die Perserkriege stellten das Ansehen des delphischen Orakels auf eine schwere Probe. Nach der Eroberung des lydischen Königreiches und der ionischen Griechenstädte an der Westküste Kleinasiens hatte der Perserkönig Dareios ein Heer nach Thrakien, Makedonien und Griechenland entsandt, das 490 in der Ebene von Marathon geschlagen wurde. Sein Sohn Xerxes kommt 480 mit einer riesigen Streitmacht zu Wasser und zu Lande;

Schatzhaus von Athen, 490–485 v. Chr.
(Foto: Heinrich Reclam)

die Griechen sind keineswegs einig in ihrer Abwehr der Gefahr. Einige, wie die Thessaler und Boioter, sind für eine Unterwerfung unter die Perser, andere wollen neutral bleiben, was bei der Übermacht des Feindes und der Zerstrittenheit der griechischen Stadtstaaten nicht verwundert. Auch pflegten die Perser Botschaften zu schicken mit der Zusicherung, diejenigen, die sich freiwillig ergäben, nicht nur zu schonen, sondern zu belohnen. Der Gott von Delphi machte sich keineswegs zum Vorkämpfer der hellenischen Freiheit, sondern verhielt sich eher zurückhaltend, wenn nicht defätistisch. Man unterstellte dem delphischen Orakel sogar, es »medisiere«, es sei medisch, d. h. persisch gesinnt, worin man bestärkt wurde, als beim Einmarsch der Perser Delphi nicht geplündert wurde. Doch war die überwältigende Streitmacht der Perser in Delphi möglicherweise eher bekannt, bevor man sie in Griechenland vor Augen hatte. Die Theorodoken, die offiziellen Festgesandten aus Delphi, die zu den Pythischen Spielen einluden, kamen weit herum und hatten die riesigen Kriegsrüstungen wohl schon einige Zeit in Kleinasien beobachten können. So war die düstere Einschätzung der Lage vielleicht eher realistisch als perserfreundlich zu nennen. Das Gleiche mag für die späteren Vorwürfe des »Lakonisierens« oder »Philippisierens« der Pythia gelten: In Delphi wusste man aufgrund weit gespannter Beziehungen, dass im Peloponnesischen Krieg der Sieg eher bei den Spartanern (Lakoniern) als bei den Athenern sein würde beziehungsweise dass sich die Griechen gegen Philipp II. von Makedonien auf die Dauer nicht behaupten könnten.

Im Perserkrieg aber ging es nicht nur nach machtpolitischem Kalkül. Die Athener waren nicht bereit, ihre mühsam erworbene und bewährte Polisordnung dem orientalischen Despoten preiszugeben. Themistokles hatte mit dem Bau einer Flotte begonnen, um die Perser zur See zu treffen. Er hoffte auf eine Ermunterung vom delphischen Gott, die auch seine politische Stellung stützen sollte. Seine Landsleute waren nämlich keineswegs überzeugt, dass ihre Rettung auf dem Wasser lag. Doch als die Abgesandten den Tempel in Delphi betreten und sich niedergesetzt hatten, hörten sie folgenden Spruch der Pythia – sie hieß Aristonike:[47]

ὦ μέλεοι, τί κάθησθε; λιπὼν φεῦγ' ἔσχατα γαίης
δώματα καὶ πόλιος τροχοειδέος ἄκρα κάρηνα.
οὔτε γὰρ ἡ κεφαλὴ μένει ἔμπεδον οὔτε τὸ σῶμα,
οὔτε πόδες νέατοι οὔτ᾽ ὦν χέρες, οὔτε τι μέσσης
λείπεται, ἀλλ᾽ ἄζηλα πέλει· κατὰ γάρ μιν ἐρείπει

πῦρ τε καὶ ὀξὺς Ἄρης, Συριηγενὲς ἅρμα διώκων.
πολλὰ δὲ κἄλλ' ἀπολεῖ πυργώματα, κοὐ τὸ σὸν οἶον·
πολλοὺς δ' ἀθανάτων νηοὺς μαλερῷ πυρὶ δώσει,
οἵ που νῦν ἱδρῶτι ῥεούμενοι ἑστήκασι,
δείματι παλλόμενοι, κατὰ δ' ἀκροτάτοις ὀρόφοισιν
αἷμα μέλαν κέχυται, προϊδὸν κακότητος ἀνάγκας.
ἀλλ' ἴτον ἐξ ἀδύτοιο, κακοῖς δ' ἐπικίδνατε θυμόν.

Unglückselige, ihr, was sitzt ihr noch? Fliehet von hinnen,
fort zu den Enden der Erde und fort von den Höhen der Rundstadt.
Denn es bleibt nicht bestehen das Haupt noch der übrige Körper
noch auch drunten die Füße noch Hände noch mittlere Teile,
sondern dahin wird es gehn, denn Feuer wird es zerstören
und der grimmige Ares, der Lenker des syrischen Wagens.
Auch viele andere Festen vernichtet er, nicht bloß die deine;
rasendem Feuer entbeut er die zahlreichen Tempel der Götter,
jener Götter, die heute noch dastehn und triefen vor Schweiße
und erbleichen vor Angst; denn hoch von den Firsten der Tempel
strömt es von dunklem Blut zum Zeichen des drohenden Unglücks.
Darum verlasst das heilge Gemach, fasst Mut bei dem Unheil!

Herodot 7,140,2; Übers. H. Beckby

Die athenischen Abgesandten waren völlig entmutigt. Ob sie schon wussten, dass daheim die Tempeldächer wie mit dunklem Blut bedeckt waren und die Götterstatuen wie von Schweiß trieften – Zeichen höchsten Unheils? Da gab ihnen, wie Herodot erzählt, Timon, ein höchst angesehener Mann in Delphi, einen guten Rat: Sie sollten mit Ölbaumzweigen in der Hand, also als Schutzflehende, das Orakel ein zweites Mal befragen. Die Athener taten so und wandten sich an den Gott: »O Herr, weissage uns etwas Besseres über unser Vaterland, ehre diese Ölzweige, mit denen wir als Hilfeflehende gekommen sind! Oder wir verlassen dein Allerheiligstes nicht, sondern bleiben hier, bis wir sterben!« Darauf erteilte ihnen die Pythia einen zweiten Spruch:

οὐ δύναται Παλλὰς Δί᾽ Ὀλύμπιον ἐξιλάσασθαι,
λισσομένη πολλοῖσι λόγοις καὶ μήτιδι πυκνῇ.
σοὶ δὲ τόδ᾽ αὖτις ἔπος ἐρέω, ἀδάμαντι πελάσσας·
τῶν ἄλλων γὰρ ἁλισκομένων ὅσα Κέκροπος οὖρος
ἐντὸς ἔχει κευθμών τε Κιθαιρῶνος ζαθέοιο,
τεῖχος Τριτογενεῖ ξύλινον διδοῖ εὐρύοπα Ζεὺς
μοῦνον ἀπόρθητον τελέθειν, τὸ σὲ τέκνα τ᾽ ὀνήσει.
μηδὲ σύ γ᾽ ἱπποσύνην τε μένειν καὶ πεζὸν ἰόντα
πολλὸν ἀπ᾽ ἠπείρου στρατὸν ἥσυχος, ἀλλ᾽ ὑποχωρεῖν
νῶτον ἐπιστρέψας· ἔτι τοί ποτε κ᾽ ἀντίος ἔσσῃ.
ὦ θείη Σαλαμίς, ἀπολεῖς δὲ σὺ τέκνα γυναικῶν
ἤ που σκιδναμένης Δημήτερος ἢ συνιούσης.

Selbst nicht Pallas [Athene] vermag den olympischen Zeus zu erweichen,
wenn sie auch bittet und fleht mit Worten und kluger Beratung.
Dir aber sag ich zum andern ein Wort, das fest ist wie Demant:
Alles andre erliegt wohl dem Feind, was die Grenze des Kekrops

und die Schluchten Kithairons, des heiligen Berges,
umfassen –
nur die hölzerne Mauer schenkt unverwüstet der Walter
Zeus seiner Tritogeneia [Athene], für dich und die
Kinder zum Nutzen.
Warte du nicht auf die Scharen von Reitern und
Scharen des Fußvolks,
die zu Lande heranziehn, verbleibe nicht ruhig, nein,
kehre
ihnen den Rücken und weiche: einst wirst du dich
wider sie stellen.
Göttliches Salamis du, du mordest die Söhne der Frauen,
wenn man die Frucht der Demeter zerstreut oder
einend sie bindet.

Herodot 7,141; Übers. H. Beckby

Dieses Orakel schien den athenischen Abgesandten nicht ganz so fürchterlich; sie schrieben es sich auf, sagt Herodot – ob in dieser Versform? Zu Hause aber war man nicht getröstet, sondern zunächst einmal uneins über den Sinn des Spruches. Man diskutierte darüber in der Volksversammlung. Was war mit der »hölzernen Mauer« gemeint: die dichte Dornenhecke um die Akropolis? Sollte man sich dort verbarrikadieren? Andere waren der Ansicht, die Schiffe seien gemeint[48], und man solle sich zu einer Seeschlacht rüsten. Aber was war dann mit Salamis, wo die Kinder der Frauen vernichtet würden? Die Orakeldeuter, sagt Herodot, nahmen die beiden Verse in dem Sinne, dass die Athener bei Salamis unterliegen müssten. Sie rieten, man solle überhaupt nicht gegen den Feind rüsten, sondern Attika verlassen und sich anderswo ansiedeln. Es gab also offizielle Instanzen, χρησμόλογοι, für die Auslegung von Orakeln, nicht nur der mehrdeutigen Sprüche Apollons. Diese Deuter wurden hier aber übertroffen von der Weisheit des politischen Genies in Athen, Themistokles. Er legte dar: Wenn die Athener bei Salamis untergehen sollten, dann müsse es nicht »göttliche Salamis«, sondern »schreckliche Salamis« heißen. So aber seien die Feinde gemeint, die dort den Tod finden würden. Die Athener ließen sich überzeugen; sie evakuierten die Zivilbevölkerung nach Troizen und rüsteten zur Seeschlacht. Es war der Plan des Themistokles, die zahlenmäßig stark überlegene persische Flotte in der Nähe von Athen, im Saronischen Golf bei der Insel Salamis, zur Schlacht zu stellen. Die beweglichen attischen Trieren hatten in dieser Enge einen Vorteil gegenüber den großen persischen Schiffen, die hier schlechter manövrieren und ihre Übermacht nicht entfalten konnten.

Es geschah alles, wie es das Orakel vorausgesagt hatte. Die Perser nahmen Athen ein, zerstörten die Stadt, wurden aber zur See bei Salamis vernichtend geschlagen (480 v. Chr.). Themistokles' Plan war erfolgreich gewesen. Hatte er, um die Athener zu überzeugen, nach dem Grundsatz, dass der Zweck die Mittel heiligt, das Orakel manipuliert? Wer außer ihm wusste von Salamis als dem geplanten Schlachtort? Hatte er im Kreise der »Eingeweihten« in Delphi seine Karten auf den Tisch gelegt, und das Orakel hatte mit dem Hinweis auf künftige Tote bei Salamis die Möglichkeit einer Niederlage einkalkuliert? Man ist geneigt, dem listenreichen Politiker eine solche Manipulation zuzutrauen, mit Hilfe jenes genannten einflussreichen Mannes aus Delphi.

Es sind einige solcher Fälle bekannt, doch keineswegs genug, um dem Orakel grundsätzlich die Glaubwürdigkeit abzusprechen. Herodot berichtet Folgendes (6,66 f.): Der Spartanerkönig Kleomenes wollte sich seines Mitkönigs Demarat entledigen (491 v. Chr.) mit der Behauptung, dieser sei von illegitimer Geburt. Ein Orakelspruch Apollons sollte Klarheit bringen. Da zog Kleomenes den einflussreichsten Mann aus Delphi, Kobon, auf seine Seite, und dieser überredete Perialla, die Pythia, das zu sagen, was Kleomenes hören wollte, nämlich Demarat sei nicht der rechtmäßige Sohn des Königs. Später wurde der Betrug entdeckt, Kobon wurde aus Delphi verbannt, Perialla ihrer Stellung enthoben, mit Kleomenes aber nahm es ein schlimmes Ende. Es sind also durchaus Fälle bezeugt, in denen das Orakel manipuliert wurde.[49] Beteiligt waren dabei wohl nicht in erster Linie die Priester, sondern jene »einflussreichen Männer aus Delphi«, Mitglieder im Rat der Amphiktyonen, die den Ruhm und Reichtum des Orakels für ihre Zwecke um- und ausmünzten. Der Zehnte von der Kriegsbeute, der jeweils nach Delphi kam, wurde nicht nur in den Schatzhäusern niedergelegt, sondern diente auch als Kapital wie in einer Bank. Es wurden in Delphi wie in anderen großen Tempeln, etwa in Olympia und Ephesos, Gelder deponiert und mit Zinsen ausgeliehen sowie Kapital vorgestreckt zu kriegerischen und wirtschaftlichen Unternehmungen.

Eine höchst umständlich abgesicherte, offiziell dokumentierte Orakelbefragung durch die Athener lässt der Vermutung Raum, dass sich dahinter – neben einer gehörigen Portion Misstrauen gegen die Delpher – vielleicht auch für uns nicht mehr nachvollziehbare Geschäftsinteressen verbargen. Es ging darum, ob die Athener einen Landstrich bei Eleusis, der als heiliges Land den Göttinnen Demeter und Kore gehörte, landwirtschaftlich nutzen durften oder nicht. Sollte man es entweder brachliegen lassen oder aber verpachten und bebauen und den Erlös dem Tempel der Göttinnen zugute kommen lassen? Die entsprechenden Fragen, wie man im Einzelnen vorgehen sollte, wurden auf zwei dünne

Zinntäfelchen geschrieben, die, zusammengerollt und mit Wollbändern umwickelt, vom Vorsteher der Ratsherren in einen bronzenen Krug gelegt wurden. Vor versammeltem Volk musste er die Täfelchen aus dem Krug herausschütteln und in ein goldenes und ein silbernes Gefäß legen. Diese Gefäße wurden versiegelt und von ad hoc bestimmten Personen nach Delphi gebracht. Dort wurde gefragt, was der Gott für besser und heilsamer hielt für die Athener: das, was in dem Schriftstück in dem goldenen Gefäß stünde, oder das andere. Der Text ist auf einer Inschrift nur unvollständig erhalten, aber der Gott entschied offenbar, dass die Athener das Land unbebaut lassen sollten.[50]

Die Delpher wollten jedoch keineswegs den Eindruck erwecken, als arbeiteten sie nur für ihre eigenen Interessen. Als die Bedrohung durch die Perser überall Furcht und Schrecken erregte, holten sie ein Orakel ein, für sich und für ganz Hellas – so heißt es jedenfalls bei Herodot – und ihnen wurde geantwortet, sie sollten zu den Winden beten, diese würden mächtige Bundesgenossen für Hellas sein. Ursprünglich lautete das Orakel wohl:[51]

ὦ Δελφοί, λίσσεσθ' ἀνέμους καὶ λῴιον ἔσται

O ihr Delpher, fleht zu den Winden, dann wird's besser werden.

Nach Herodot 7,178

Die Delpher errichteten den Winden einen Altar und verkündeten den Orakelspruch überall bei den Griechen, die sich zum Widerstand entschlossen hatten, aber voller Furcht vor den Barbaren waren. Die Griechen fassten daraufhin Mut, und in der Tat zerstörten gewaltige Stürme große Teile der Perserflotte am Kap Artemision.

Bei Plataiai errangen Athener und Spartaner den entscheidenden Sieg zu Lande, worauf sich die Perser zurückzogen (479 v. Chr.). Es wurde keine Generalabrechnung mit den Sympathisanten der Perser für nötig erachtet, Delphi hatte sich durch den glorreich in Erfüllung gegangenen Spruch von den hölzernen Mauern vom Vorwurf des μηδισμός, der Perserfreundlichkeit, gereinigt. Die Griechen trugen die Kriegsbeute zusammen und stifteten den zehnten Teil davon nach Delphi. Daraus wurde ein goldener Dreifuß hergestellt, der auf einer bronzenen dreileibigen Schlange stand, insgesamt 10 Meter hoch.[52] Der Oberbefehlshaber des Griechenheeres bei Plataiai, der Spartanerkönig Pausanias, hatte auf dem Weihgeschenk eingravieren lassen:

Ἑλλήνων ἀρχηγὸς ἐπεὶ στρατὸν ὤλεσε Μήδων,
Παυσανίας Φοίβῳ μνῆμ' ἀνέθηκε τόδε.

Weil er die persische Schar als Führer der Griechen vernichtet,
weiht dem delphischen Gott Pausanias dieses Geschenk.

Thukydides 1,132; Übers. A. Wahrmund

Diesen Zweizeiler ließen die Spartaner aber sogleich wieder austilgen und ersetzten ihn durch die Namen all der Städte, die gemeinsam den Feind besiegt und das Weihgeschenk errichtet hatten. Allzu viel Hochmut sollte doch in Delphi nicht gedeihen.

Bemerkenswert war auch eine Geschichte über Themistokles' Besuch in Delphi. Pausanias weiß Folgendes zu berichten:[53]

Man erzählt auch, Themistokles sei nach Delphi gekommen, um Apollon einen Anteil von der Perser-

Schlangensäule vom Dreifußvotiv
für den Sieg bei Plataiai 479 v. Chr.,
heute in Istanbul

beute zu bringen. Als er wegen der Weihgeschenke anfragte, ob er sie innerhalb des Tempels aufstellen dürfe, befahl ihm die Pythia, sie überhaupt ganz aus dem Heiligtum wegzubringen. Die darauf bezügliche Stelle des Orakelspruchs lautet folgendermaßen:

μή μοι Περσῆος σκύλων περικαλλέα κόσμον
νηῷ ἐγκαταθῇς· οἶκόνδ' ἀπόπεμπε τάχιστα.

Lege mir nicht von der Perserbeute schönen Schmuck
in den Tempel; schick es schnellstens heim.

Pausanias 10,14,5; Übers. E. Meyer

Pausanias wundert sich darüber und fragt sich, ob der Gott allein von Themistokles die Perserbeute abgelehnt habe. Die einen seien der Meinung, Apollon hätte wohl alles von den Persern gleichermaßen zurückgewiesen, wenn man ihn zuvor gefragt hätte. Andere meinten, der Gott habe gewusst, dass Themistokles einmal als Asylsuchender bei den Persern enden werde, und habe deshalb die Geschenke nicht annehmen wollen – aber nicht aus Abneigung gegen den künftigen »Vaterlandsverräter«, sondern um den Hass der Perser gegen ihn nicht zu sehr zu schüren. Man mag wohl eher an die Orakel mit den »hölzernen Mauern« denken, die vielleicht etwas außerhalb der Legalität zustande gekommen waren (s. S. 54–58); auch dies wäre ein Grund für die Distanzierung des Gottes.

Die Aufstellung eines Weihgeschenks als panhellenisches Siegesmal zeigt Delphi auf einem Höhepunkt seiner Wirkung und Ausstrahlung. Um wieder zum friedlichen Leben überzugehen, hielt der Gott jedoch noch etwas anderes für nötig: Katharsis, die Reinigung. Die Griechen wollten nach dem entscheidenden Sieg von Plataiai ein feierliches Opfer abhalten und befragten deshalb das Orakel. Plutarch überliefert dazu Folgendes:[54]

> περὶ δὲ θυσίας ἐρομένοις αὐτοῖς ἀνεῖλεν ὁ Πύθιος Διὸς Ἐλευθερίου βωμὸν ἱδρύσασθαι, θῦσαι δὲ μὴ πρότερον ἢ τὸ κατὰ τὴν χώραν πῦρ ἀποσβέσαντας ὡς ὑπὸ τῶν βαρβάρων μεμιασμένον ἐναύσασθαι καθαρὸν ἐκ Δελφῶν ἀπὸ τῆς κοινῆς ἑστίας.
>
> Bezüglich des Opfers gab der Pythische Gott den Fragestellern die Weisung, Zeus Eleutherios [dem Befreier] einen Altar zu errichten. Opfern sollten sie aber nicht, bevor sie nicht alles Feuer in der Gegend, das von den Barbaren verunreinigt worden war, gelöscht und von dem gemeinsamen Herd in Delphi ein reines Feuer geholt und entzündet hätten.
>
> Plutarch, *Aristides* 20,4

Schuld und Sühne

Reinigung, Sühne und Entsühnung war seit jeher die Aufgabe Apollons. Das Griechentum war frei von hierarchisch-klerikalen Strukturen, nicht gebunden an Bibel und Vatikan, doch keineswegs frei von Ängsten und Schuldgefühlen. Noch in der klassischen und hellenistischen Zeit, ebenso wie bei den Römern, sah man eine Epidemie, Wetterkatastrophen mit Missernte und Hungersnot, Seuchen, Krankheiten und Unglücksfälle als Miasma an, als Befleckung infolge einer oft unwissentlich begangenen Verfehlung gegenüber dem göttlichen Willen. Die Mantik hatte großenteils ihre Aufgabe darin, die Ursachen solcher Befleckungen herauszufinden und Angaben über die erforderliche Sühneleistung zu machen. Oft ergab es sich, dass wegen des Frevels eines

Einzelnen die ganze Sippe, ja das gesamte Gemeinwesen heimgesucht wurde. Kultische Reinigung mit bestimmten Riten, auch Wiedergutmachung wenn möglich, und in jedem Falle Opfer für die zürnenden Gottheiten waren erforderlich.

Am Anfang der *Ilias* tritt Apollon in einem solchen Fall von Befleckung und Reinigung auf. Der Gott wird missachtet in der Person seines Priesters Chryses; mit seinen Pfeilen schickt er die Pest ins Griechenlager. Erst als man ihm Sühne und Genugtuung geleistet hat, erlischt die Seuche.

Blutschuld erforderte eine besondere Art der Reinigung und Entsühnung. Der Gott hat dem Mythos zufolge selbst ein Beispiel gegeben, dem die Sterblichen folgen sollten. Er hat Buße geleistet für den Tod, den er anderen zufügte, durch eine Art von freiwilligem Exil und kathartische Riten. Nach der Tötung des Pythondrachens begibt er sich nach Thessalien ins Tempe-Tal und nimmt dort ein reinigendes Bad im Fluss. Mit dem hier wachsenden Lorbeer entsühnt er sich; als Apollon Δαφνηφόρος, der Lorbeertragende, kehrt er zurück nach Delphi und gründet erst jetzt sein Orakelheiligtum, in dem ihm ein Lorbeerzweig zum Baum heranwächst. Es heißt auch, sein erster Tempel sei eine Laube aus Lorbeerzweigen gewesen. Ein anderer Mythos erzählt, dass Apollon die Kyklopen erschlug, durch deren Donnerkeil sein Sohn, der Heilgott Asklepios, ums Leben gekommen war. Zur Sühne diente er ein Jahr lang als Hirte bei König Admetos von Pherai in Thessalien.

Man war sich bewusst, dass der Gott von Delphi die Sühne von Blutschuld ernst nahm. Dies zeigt eine der Legenden, die sich um den Lyriker Archilochos von Paros rankten. Der »Diener des Ares und der Musen«[55] wurde im Krieg seiner Heimatinsel Paros gegen Naxos von Kallondas, einem Krieger aus Naxos, getötet. Als dieser nach Delphi kam, wies ihn die Pythia zurück:

Μουσάων θεράποντα κατέκτανες· ἔξιθι νηοῦ.

Einen Diener der Musen hast du getötet – verlasse den Tempel!

PW 2, Nr. 4

Kallondas suchte sich zu rechtfertigen, indem er darauf hinwies, dass er Archilochos im Kampf getötet habe. Dieser hatte ja selbst gesagt, dass die Chancen im Krieg für alle gleich seien:[56]

ἐτήτυμον γὰρ ξυνὸς ἀνθρώποισ' Ἄρης.

Denn der Krieg ist wahrhaftig allen gemeinsam.

Archilochos, Frg. 38 D / 110 W

Die Pythia bestand jedoch im Namen des Gottes darauf, dass Kallondas unrein sei, und verwies ihn schließlich nach Tainaron, wo er beim dortigen Eingang zur Unterwelt die Seele des Dichters mit Opfern versöhnen und sich selbst damit reinigen sollte.

Nicht im Krieg, sondern in einem Tempel war ein anderer Diener der Musen getötet worden, für den Apollon der Legende nach Sühne verlangte. In der unteritalischen Stadt Sybaris trug ein Sänger zur Kithara Gesänge zu Ehren der Hera vor. Es kam zu einem Streit der Sybariten, der schließlich mit den Waffen ausgetragen wurde. Der Kitharode flüchtete sich im vollen Ornat zum Altar der Hera und wurde dort erschlagen. Darauf sah man im Heratempel Blut hervorsprudeln wie einen Quell. Die Bürger von Sybaris schickten nach Delphi und erhielten folgende Antwort:[57]

βαῖν' ἀπ' ἐμῶν τριπόδων, ἔτι τοι φόνος ἀμφί χέρεσσι
πουλὺς ἀποστάζων ἀπὸ λαΐνου οὐδοῦ ἐρύκει.
οὔ σε θεμιστεύσω· Μουσῶν θεράποντα κατέκτας
Ἥρης πρὸς βωμοῖσι, θεῶν τίσιν οὐκ ἀλεείνας.
τοῖς δὲ κακῶς ῥέξασι δίκης τέλος οὐχὶ χρονιστὸν
οὐδὲ παραιτητόν, οὐδ' εἰ Διὸς ἔγγονοι εἶεν·
ἀλλ' αὐτῶν κεφαλῇσι καὶ ἐν σφετέροισι τέκεσσιν
εἰλεῖται, καὶ πῆμα δόμοις ἐπὶ πήματι βαίνει.

Weiche von meinem Dreifuß, zu meiner steinernen Schwelle
wehrt dir den Zutritt das Blut, von dem deine Hände noch triefen.
Göttersspruch geb ich dir nicht! Ohne Scheu vor der Rache der Götter
hast du am Altar der Hera den Diener der Musen getötet.
Doch die Verbrecher ereilet unaufhaltsam die Strafe;
wär'n sie auch Söhne des Zeus, Vergebung wird ihnen nicht werden.
Nein, die Strafe wird treffen ihr eigenes Haupt und auch ihre
Kinder, und über ihr Haus wird kommen Leiden auf Leiden.

Aelian, *Bunte Geschichten* 3,43;
Übers. H. Helms

Apollon spricht hier nicht nur als moralische Instanz; er fordert die Sühne von Mordtaten auch in seiner Eigenschaft als der Gott, der reinigt und heilt und mit der Blutschuld auch die unheilvolle Befleckung vom Täter hinwegnimmt, die nicht nur ihn selbst, sondern auch seine Umgebung, Familie, Sippe und Mitbürger der göttlichen Strafe aussetzt. Gebet und Opfer und die Begegnung mit den unterirdischen Göttern, wie sie Kallondas nach der Tötung des Archilochos vorzunehmen hatte, dienten der Entsühnung und Reinigung nicht nur im persönlichen Bereich, sie stellten auch die Ordnung im Gemeinwesen wieder her, wie es etwa für die Bürger von Sybaris besonders gefordert war.

Apollon als der Stifter der Ordnung wirkt auch mit beim entscheidenden Schritt von der Blutrache zur gerichtlichen Verfolgung des Mordes: In den Atridendramen bei Aischylos, Sophokles und Euripides hat Apollon jeweils die Blutrache befohlen: Orest muss seine Mutter Klytaimnestra töten, die ihren Gatten Agamemnon nach seiner Rückkehr aus Troja ermordet hatte.[58] Im Schlussstück der *Orestie* des Aischylos, den *Eumeniden*, flüchtet sich Orest, von den Erinyen verfolgt, in den Tempel nach Delphi. Apollon entsühnt ihn und begleitet den Sohn und Rächer Agamemnons als Verteidiger nach Athen, wo Orest dem neu gegründeten Gerichtshof, dem Areopag, überantwortet wird. Als Aischylos seine *Orestie* auf die Bühne brachte (458 v. Chr.), war die Blutgerichtsbarkeit seit langem im Gesetz verankert; es war jedoch nicht unzeitgemäß, an die Rolle Delphis als einer sittlichen und ordnungsstiftenden Instanz zu erinnern.

5

Das Orakel als Ratgeber in öffentlichen und privaten Angelegenheiten

Der delphische Gott bot mit seinen Orakeln einen Ordnungsrahmen für das religiöse und politisch-soziale Leben. Verfassungen wurden von ihm legitimiert und Parteienhader geschlichtet. Die Anziehungskraft, die er für ganz Griechenland besaß, scheint letztlich im Wesen dieses Gottes begründet zu sein. Als Ordner in Kampf und Streit, waffenlos, nur wirkend durch seinen Blick und den ausgestreckten Arm – so stellte man ihn dar als die dominierende Figur des Westgiebels am Zeustempel von Olympia, der anderen panhellenischen Stätte neben Delphi. Er ist die Autorität für religiöse und staatliche Ordnung, die beide nicht voneinander zu trennen sind.

Lykurg

Der legendäre Gesetzgeber von Sparta, Lykurg, erhielt für seine Tätigkeit Rückhalt beim Orakel von Delphi. Beim Eintritt ins Tempelinnere begrüßte ihn die Pythia sogleich mit folgenden Worten:[59]

ἥκεις, ὦ Λυκόοργε, ἐμὸν ποτὶ πίονα νηὸν
Ζηνὶ φίλος καὶ πᾶσιν 'Ολύμπια δώματ' ἔχουσι.
δίζω ἤ σε θεὸν μαντεύσομαι ἢ ἄνθρωπον·
ἀλλ' ἔτι καὶ μᾶλλον θεὸν ἔλπομαι, ὦ Λυκόοργε.

O Lykurgos, du kommst in meinen begüterten Tempel,
Liebling des Zeus und aller Olymp bewohnenden
Götter.

Soll ich in dir einen Gott oder nur einen Menschen
vermuten?
Eher noch glaub ich, in dir eine Gottheit zu sehen,
Lykurgos.

Herodot 1,65; Übers. H. Sontheimer

Herodot berichtet, dass man auch glaubte, die Pythia habe Lykurg die Verfassung und Staatsordnung verkündet, die jetzt noch in Sparta bestehe. Es ist die sogenannte große Rhetra, die sich gründet auf das Zusammenwirken des Doppelkönigtums, des Rates der Alten (Gerusia) und der Volksversammlung (Apella). Plutarch überliefert den angeblichen Wortlaut des betreffenden Orakels:[60]

Διὸς Συλλανίω καὶ Ἀθανᾶς Συλλανίας ἱαρὸν ἱδρυσάμενον, φυλὰς φυλάξαντα καὶ ὠβὰς ὠβάξαντα, τριάκοντα γερωσίαν σὺν ἀρχαγέταις καταστάσαντα, ὥρας ἐξ ὥρας ἀπελλάζειν μεταξὺ Βαβύκας τε καὶ Κνακίωνος. τούτως εἰσφέρειν τε καὶ ἀφίστασθαι, δάμω δ' ἀνταγορίαν ἦμεν καὶ κράτος.

Wenn du dem Zeus Syllanios und der Athene Syllania einen Tempel erbaut, wenn du Stämme und Zünfte abgeteilt und einen Rat der Dreißig mit den Vorstehern eingesetzt hast, dann versammle das Volk von Zeit zu Zeit zwischen Babyka und Knakion. Du machst Vorschläge und entlässt jeweils die Versammlung, dem Volk aber gebührt das Recht, die Vorschläge abzulehnen oder anzunehmen.

Plutarch, *Lykurg* 6

Mit den Vorstehern seien die beiden Könige Spartas gemeint, erklärt Plutarch, Knakion aber sei ein Fluss und Babyka eine Brücke. Dort sollten die Versammlungen abgehalten werden, wo weder Säulengänge noch andere prunkvoll geschmückte Gebäude seien, die die Aufmerksamkeit ablenkten.

Als später aber die Verfassung durch Zusätze oder Auslassungen vonseiten des Volkes modifiziert werden sollte, hielten es die Könige für angebracht, die Autorität Delphis zu Hilfe zu nehmen, um solche Bestrebungen zu verhindern. Der in Sparta lebende Dichter Tyrtaios (um 640 v. Chr.) unterstützte die Auffassung von der gottgewollten Verfassung in seiner Dichtung *Eunomia*:[61]

Φοίβου ἀκούσαντες Πυθωνόθεν οἴκαδ' ἔνεικαν
  μαντείας τε θεοῦ καὶ τελέεντ' ἔπεα·
ἄρχειν μὲν βουλῆς θεοτιμήτους βασιλῆας
  οἷσι μέλει Σπάρτης ἱμερόεσσα πόλις,
πρεσβύτας τε γέροντας, ἔπειτα δὲ δήμοτας ἄνδρας
  εὐθείαις ῥήτραις ἀνταπαμειβομένους.

Sie, die dort in Pytho des Phoibos Stimme vernahmen,
  Brachten den göttlichen Spruch mit nach Hause zurück:
Herrschen sollen im Rat die gottgeehrten Häupter,
  Welchen Spartas Wohl ist zur Sorge vertraut,
Und die beratenden Alten, und dann die Männer vom Volke,
  Denen nach Recht und Gesetz jeweils zu sprechen geziemt.

Tyrtaios 3 b, nach: Plutarch, *Lykurg* 6;
Übers. J. F. Kaltwasser

Lykurg wollte seinen Landsleuten nicht nur die denkbar beste Verfassung geben, sondern sie auch über seinen Tod hinaus daran binden. So nahm er ihnen einen Eid ab, sie sollten nichts an seinen Gesetzen verändern, bis er von einer Reise nach Delphi zurückkehre, wo er den

Gott noch einmal befragen wolle. Die Spartaner versprachen es, Lykurg aber legte Apollon die Frage vor, ob durch seine Gesetze das Wohl des Staates gesichert sei. Der Gott antwortete, Lykurgs Gesetze seien vortrefflich und Sparta werde der ruhmvollste Staat sein und bleiben, solange er die von Lykurg eingeführte Verfassung beibehielte. Diese Antwort schrieb Lykurg auf und schickte sie nach Sparta. Er selbst aber beschloss, nicht zurückzukehren, damit er die Bürger nicht von ihrem Eid lösen müsse. Er beschloss vielmehr, da er schon betagt war, sein Leben hier in Delphi freiwillig zu beenden, was er auch tat, indem er auf Nahrung verzichtete. Er war überzeugt, durch seinen Tod ebenso wie durch sein Leben seinen Mitbürgern nützen zu können. Und wirklich behauptete Sparta, der Verfassung Lykurgs getreu, jahrhundertelang seine Vormachtstellung in Griechenland.

Mag dies nun, wie auch die Person des Lykurg selbst, in den Bereich der Legende gehören, so hat doch der Glaube an eine von Delphi gestützte und sanktionierte Verfassung Sparta in seinem Selbstverständnis wie in seiner Anerkennung vonseiten der Hellenen maßgeblich beeinflusst. Herodot erzählt von Lykurgs gesetzgeberischer Tätigkeit im Zusammenhang mit dem Bündnisgesuch des Kroisos, der sich vor seinem Feldzug gegen den Perserkönig Kyros der Hilfe der Mächtigsten unter den Griechen versichern wollte: Sein Bündnisangebot ging an Sparta.

Sparta gegen Tegea

Das Orakel von Delphi war auch zuständig für religiöse Vorschriften, Verwaltung von Tempelbesitz, Neubegründung von Kulten, z. B. von Heroen. Die Verehrung solcher »Lokalheiligen«, oft verbunden mit Wallfahrten zu ihrem Grab oder ihrer Gedenkstätte, brachte auch Prestige für die einzelnen Orte mit sich. Ja man glaubte, dass die Heroen aus ihrem Grabe heraus nicht nur Segen spendeten, sondern sogar Waffenhilfe gewährten. Und man konnte einen Kriegsgegner schwächen, wenn man ihm die Gebeine eines lokalen Heros wegnahm und sie auf eigenem Grund bestattete. Diese auch in späteren (christlichen) Zeiten bekannte Verbindung von Religion und Politik liegt einer märchenhaft ausgeschmückten Geschichte zugrunde, die sich auf die langwierigen Kämpfe zwischen Sparta und der arkadischen Stadt Tegea bezieht. Die Pythia hatte den Spartanern auf ihre Anfrage, wie sie die Oberhand gewinnen könnten, geantwortet, sie müssten die Gebeine des Orest, des Sohnes des Agamemnon, zu sich überführen. Da man aber nirgendwo das Grab des Orest finden konnte, schickte man abermals nach Delphi und bekam die Auskunft:[62]

ἔστι τις Ἀρκαδίης Τεγέη λευρῷ ἐνὶ χώρῳ,
ἔνθ' ἄνεμοι πνείουσι δύω κρατερῆς ὑπ' ἀνάγκης,
καὶ τύπος ἀντίτυπος, καὶ πῆμ' ἐπὶ πήματι κεῖται.
ἔνθ' Ἀγαμεμνονίδην κατέχει φυσίζοος αἶα.
τὸν σὺ κομισσάμενος Τεγέης ἐπιτάρροθος ἔσσῃ.

Dort, wo Tegea liegt, in Arkadiens ebenem Lande,
wehen zwei brausende Winde, getrieben von
mächtigem Zwange.
Dort folgt Schlag wider Schlag, und Leiden folgt auf
das Leiden,
doch die nährende Erde birgt dort den Sohn
Agamemnons;
bringst du diesen nach Haus, wird Tegea bald dir
gehorchen.

Herodot 1,67; Übers. H. Beckby

Dieser Spruch half den Spartanern keineswegs weiter. Schließlich aber kam einer von ihnen, Liches, der Wahrheit auf die Spur. Er stand in Tegea in einer Schmiedewerkstatt und bewunderte die Arbeit des Schmieds. Da sagte dieser: »Fremder aus Sparta, du würdest noch viel mehr staunen, wenn du gesehen hättest, was ich sah. Als ich nämlich hier im Hof einen Brunnen graben wollte, stieß ich auf einen sieben Ellen langen Sarg. Da ich nicht glauben wollte, dass die Menschen früher größer waren als wir heute, öffnete ich ihn und sah einen Toten, so lang wie der Sarg. Ich maß ihn und schüttete die Grube wieder zu.« Liches aber dachte über das Erzählte nach und kam darauf, dass hier Orest sein müsse, passend zum Orakelspruch. Das fand er folgendermaßen heraus: Die zwei Blasebälge des Schmiedes entsprachen den beiden Winden, der Amboss und der Hammer seien Schlag und Gegenschlag, das gehämmerte Eisen aber sei das Leid, das auf dem Leiden liegt. Denn er dachte es sich so, dass das Eisen dem Menschen zum Unheil erfunden worden sei.

Bei den Spartanern fand er jedoch mit seinen Schlussfolgerungen keine Anerkennung; er wurde sogar verbannt, ging nach Tegea zurück, erzählte dem Schmied von seinem Geschick und versuchte die Schmiede zu mieten, wozu der Schmied freilich nicht seine Einwilligung gab. Liches blieb in Tegea wohnen und überredete den Schmied schließlich doch. Er öffnete das Grab, sammelte die Gebeine und brachte sie nach Sparta. Dort wurden sie beigesetzt, und seit dieser Zeit waren die Spartaner überlegen im Krieg, nicht nur gegen Tegea: Sie unterwarfen sich fast die gesamte Peloponnes.

Ob dies in Wahrheit im Sinne des delphischen Orakels war, muss dahingestellt bleiben. Denn als sich die Spartaner zuvor in ihrem beginnenden Expansionsdrang ganz Arkadien unterwerfen wollten, hatte das Orakel gesagt:[63]

> Ἀρκαδίην μ' αἰτεῖς; μέγα μ' αἰτεῖς· οὔ τοι δώσω.
> πολλοὶ ἐν Ἀρκαδίῃ βαλανηφάγοι ἄνδρες ἔασιν,
> οἵ σ' ἀποκωλύσουσιν· ἐγὼ δέ τοι οὔτι μεγαίρω.
> δώσω τοι Τεγέην ποσσίκροτον ὀρχήσασθαι
> καὶ καλὸν πεδίον σχοίνῳ διαμετρήσασθαι.

> Nein, Arkadien geb ich dir nicht. Weit geht deine Bitte.
> In Arkadien leben viel eichelessende Männer.
> Sie verschließen es dir, wenngleich ich's dir nicht missgönne.
> Geben will ich Tegea, es tanzenden Fußes zu stampfen
> Und das schöne Gefild mit dem Seil zu vermessen.

Herodot 1,66; Übers. W. Sontheimer

Daraufhin zogen die Spartaner gegen Tegea und nahmen Fußfesseln mit, da sie im Vertrauen auf das doppeldeutige Orakel glaubten, sie würden die Leute von Tegea zu Sklaven machen. Sie wurden aber in der Schlacht geschlagen, und die Gefangenen mussten in den Fußfesseln, die sie selbst mitgebracht hatten, mit dem Seil die Ebene von Tegea ausmessen und dort das Feld bestellen. Die Fesseln aber wurden im Tempel der Athene in Tegea aufgehängt, wo Herodot sie noch gesehen hat.

Hatte Delphi inzwischen seine Ansicht geändert, war es spartafreundlicher geworden? Oder sollten Gebietsansprüche, wenn sie schon nicht zu verhindern waren, sich wenigstens nicht auf blinde Siegeszuversicht gründen, sondern auf einen Akt religiös-politischen Transfers, wie bei der Überführung der »Reliquien« des Heros Orest? Die Nachzeichnung einer »delphischen Politik« ist schwierig, da die Authentizität der einzelnen Orakel nicht sicher festzustellen ist.

Im Großen und Ganzen sah man die Rolle Delphis als einen Stabilisierungsfaktor im öffentlichen Leben an. Platon kann sich seinen Idealstaat nicht ohne Mitwirkung des delphischen Gottes denken.[64] Zugleich war Delphi neben Olympia die Stätte, an der sich die Hellenen als Gemeinschaft empfanden. Das Orakel war Schiedsrichter, Schlichter, Ratgeber in allen Lebenslagen, nicht nur in der hohen Politik, was man leicht aus dem Blick verliert angesichts der aus der Literatur bekannten Orakelsprüche, die meist Prominente betreffen wie Könige, Feldherrn oder Städte mit hochpolitischen Anliegen. Leider gab es in Delphi nicht die gleiche Orakelpraxis wie in Dodona, wo man seine Fragen auf kleine Bleitäfelchen einritzte, von denen viele die Zeiten überdauert haben. Da fragte z. B. jemand an, ob das Kind, das seine Frau erwartete, von ihm sei, während ein anderer wissen wollte, ob er sich auf die Viehzucht verlegen solle.[65] Plutarch weist darauf hin, dass auch in Delphi der Großteil der Besucher mit Alltagsnöten und -problemen kam,[66] wie wir sie aus Dodona kennen: Soll ich eine Reise antreten, ein Geschäft unternehmen, heiraten, jemandem ein Darlehen geben?

Die Krise des Dion von Prusa

Einen autobiographischen Bericht mit Apollon als Ratgeber in einer »Existenzkrise« gibt uns der kaiserzeitliche Redner Dion von Prusa in Bithynien (Kleinasien).[67] Er hatte – sein Beiname Chrysostomos, Goldmund, zeigt es – eine glänzende Karriere gemacht, die aber um 82 n. Chr. jäh unterbrochen wurde, als er unter Kaiser Domitian in Ungnade fiel und verbannt wurde.

Zuerst erscheint ihm sein Schicksal schwer und unerträglich, dann aber findet er Trost im Gedanken an Apollons Orakel an Kroisos, der diesem geraten hatte, außer Landes zu gehen, wenn ein »Maultier« den Perserthron besteige: »Bleibe nicht und scheue dich nicht, ein ›Schlechter‹ zu werden«,[68] d. h. als feige angesehen zu werden. Verbannung ist also nicht in jedem Falle etwas Schlimmes und Ehrenrühriges. Dion denkt darüber nach und beschließt, selbst nach Delphi zu gehen und den Gott

> zu befragen nach dem alten Brauch der Hellenen; denn es kam mir unwahrscheinlich vor, dass er über Krankheit und Kinderlosigkeit und über Feldfrüchte treffende Auskünfte geben könne, über Angelegenheiten dieser Art aber nicht. So befragte ich ihn denn, und er erteilte mir einen seltsamen und schwer zu deutenden Spruch.
>
> ἐκέλευε γάρ με αὐτὸ τοῦτο πράττειν ἐν ᾧ εἶμι πάσῃ προθυμίᾳ, ὡς καλήν τινα καὶ συμφέρουσαν πρᾶξιν, ἕως ἄν, ἔφη, ἐπὶ τὸ ἔσχατον ἀπέλθῃς τῆς γῆς.
>
> Er forderte mich nämlich auf, genau das zu tun, wobei ich gerade sei, und zwar mit allem Eifer: denn es sei eine gute und heilsame Tätigkeit, »so lange«, wie er sagte, »bis du zum Ende der Welt gelangt bist.«
>
> Dion von Prusa, *Rede über die Verbannung* 13,9; Übers. H. Görgemanns

Der zunächst ratlose Dion findet wieder Hilfe in seiner Bildung: Ist nicht auch Odysseus dem Seherspruch gehorsam nach seinen Irrfahrten wieder aufgebrochen und in die Ferne gewandert? Also beschließt er, als bescheidener Wanderer durch die Lande zu ziehen, und man nennt ihn einen Landstreicher oder einen Bettler, aber auch einen Philosophen. Denn viele von diesen wandern auch arm und bedürfnislos umher und belehren die Menschen. Ebendies tut auch Dion, und bald ist er, dank seiner Beredsamkeit, ein gesuchter Ratgeber in Lebensfragen – er hat durch die Bekehrung zur Philosophie eine neue Existenz gewonnen. Nach dem Tode Kaiser Domitians wird er rehabilitiert; er lebt als angesehener Bürger in Prusa, reist umher und belehrt seine Zuhörer als populärphilosophischer Redner.

Alltagsprobleme

Oft wurde auch wegen fehlender Nachkommenschaft eine Reise nach Delphi unternommen. Kinderlosigkeit war ein drückendes Problem, ob man nun einen Thron oder einen Bauernhof zu vererben hatte. Der Mythos spiegelt hier die Realität. »Geht es um Kinder?«, fragt der junge Tempelwärter Ion in Delphi sogleich, als er hört, dass eine Besucherin ein Orakel begehrt.[69] Als Laios, der König von Theben, kinderlos bleibt, begibt er sich zum delphischen Orakel, mit dessen Spruch die Geschichte von Ödipus beginnt:[70]

Λάιε Λαβδακίδη, παίδων γένος ὄλβιον αἰτεῖς.
δώσω τοι φίλον υἱόν· ἀτὰρ πεπρωμένον ἐστὶ
σοῦ παιδὸς χερσὶν λείψειν φάος· ὣς γὰρ ἔνευσα.

Laios, Labdakos' Sohn, nach Kindersegen verlangst du?
Magst du den Sohn denn bekommen! Doch ist dir beschieden, du endest
einst von der Hand deines Sohnes. Denn also ist es mein Wille.

Anthologia Graeca 14, 67;
Übers. H. Beckby

Laios hatte einst Chrysippos, den schönen jungen Sohn des Pelops, entführt, der Vater hatte ihn dafür verflucht und so die Vergeltung des Zeus auf Laios herabgerufen. Es wird auch überliefert, Apollon habe ihn gewarnt, Kinder zu zeugen, denn ein Sohn werde ihn töten.

Willkommener war natürlich ein Orakel, dass der künftige Sohn groß und berühmt werden würde, wie es Telesikles von Paros, der Vater des Dichters Archilochos, erhielt:[71]

ἀθάνατός σοι παῖς καὶ ἀοίδιμος, ὦ Τελεσίκλεις,
ἔσσετ' ἐν ἀνθρώποισιν, ὃς ἂν πρῶτός σε προσείπῃ
νηὸς σῆς ἀποβάντα φίλῃ ἐν πατρίδι γαίῃ.

Ruhm unter Menschen erlangt und Unsterblichkeit erntet für ewig,
o Telesikles, dein Sohn, der zuerst dir mit Worten begegnet,
wenn du am heimischen Land, dem lieben, vom Schiffe herabsteigst.

Anthologia Graeca 14, 113;
Übers. H. Beckby

Es war keiner der echtbürtigen Söhne, wie der Vater vielleicht annahm, sondern Archilochos, der Sohn einer thrakischen Sklavin. Doch ebendieser wurde so berühmt, dass man ihn neben Homer nannte.

Xenophons Reise

Wegen geplanter risikoreicher Unternehmungen wurde des öfteren angefragt, so von Xenophon, der das Angebot erhalten hatte, sich am Kriegszug des Perserprinzen Kyros zu beteiligen. Noch wusste man nicht, dass es sich um eine geplante Usurpation des Thrones handelte, aber bedenklich war es allemal für einen jungen Athener, in persische Dienste zu treten. Sein Lehrer Sokrates riet Xenophon, den Gott in Delphi um Rat zu fragen.[72] Xenophon berichtet darüber, sich selbst in der dritten Person nennend:

> ἐλθὼν δ' ὁ Ξενοφῶν ἐπήρετο τὸν 'Απόλλω, τίνι ἂν θεῶν θύων καὶ εὐχόμενος κάλλιστα καὶ ἄριστα ἔλθοι τὴν ὁδόν, ἣν ἐπινοεῖ, καὶ καλῶς πράξας σωθείη. καὶ ἀνεῖλεν αὐτῷ ὁ 'Απόλλων θεοῖς, οἷς ἔδει θύειν.
>
> Nach seiner Ankunft fragte Xenophon bei Apollon an, welchem der Götter er opfern und zu welchem er beten solle, damit seine beabsichtigte Reise am schönsten und am besten vonstatten gehe und er erfolgreich und heil wieder heimkomme. Apollon erklärte, er solle den Göttern opfern, denen dies zukomme.
>
> Xenophon, *Anabasis* 3,1,6

Xenophon kehrte zurück und musste sich von Sokrates sagen lassen, er hätte besser gefragt, ob er überhaupt gehen solle oder nicht. Offenbar hatte sich der junge Mann auf dem langen Weg entschlossen, sein Glück im Osten zu wagen; er brauchte keine Entscheidungshilfe, sondern nur eine Bestätigung. Seine *Anabasis* zeigt freilich, dass seine Reise nach Delphi keineswegs überflüssig war: Er nahm genügend Gottvertrauen mit, um auch die größten Schwierigkeiten zu meistern.[73]

Glück und Elend von Sybaris, Kamarina und Athen

Es wurde auch im Hinblick auf künftige Unternehmungen und Expansionen in Delphi angefragt, ob der gegenwärtige Glückszustand von Dauer sein werde. Die überaus reiche Stadt Sybaris in Unteritalien erhielt auf die Anfrage, wie lange ihr Wohlstand andauern werde, folgende Antwort:[74]

Εὐδαίμων Συβαρῖτα, πανευδαίμων, σὺ μὲν αἰεὶ
ἐν θαλίῃσιν ἔσῃ, τιμῶν γένος αἰὲν ἐόντων.
εὖτ' ἂν δὴ πρότερον θνητὸν θεοῦ ἄνδρα σεβίσσῃς
τηνίκα σοι πόλεμός τε καὶ ἔμφυλος στάσις ἥξει.

Glücklich bist du, Sybarite, und überglücklich verbleibst du
Immer, solang du verehrst die ewig lebenden Götter,
Aber verehrst du mehr als den Gott einen sterblichen Menschen,
Alsobald kommt dir der Krieg und die Zwietracht unter den Bürgern.

Athenaios 12,520a; Übers. U. und K. Treu

Die Sybariten hielten daraufhin ihr Glück für garantiert, denn sie würden doch keinen Menschen mehr verehren als die Götter. Eines Tages jedoch verfolgte ein Mann seinen entlaufenen Sklaven bis in den Tempel der Hera und verabreichte ihm dort Geißelhiebe. Als der Sklave sich an das Grab des Vaters seines Herrn flüchtete, ließ der Mann aus Respekt von dem Sklaven ab. So hatte er einem Menschen mehr Ehre erwiesen als der Gottheit. Amyris, einer der Männer, die zur Einholung des Spruchs in Delphi gewesen waren, erkannte die Erfüllung des Orakels und brachte sich und seine Habe in

Sicherheit, worauf ihn seine Mitbürger als verrückt bezeichneten. Bald aber hatte es ein Ende mit dem sprichwörtlichen sybaritischen Luxus: Die neidische Nachbarstadt Kroton zerstörte Sybaris bis auf den Grund (510 v. Chr.).

Ob die Sybariten durch eine geschickte Politik ihrem Untergang entgangen wären, vorausgesetzt sie hätten die Einsicht ihres Mitbürgers Amyris besessen? Die Bewohner der sizilischen Stadt Kamarina hätten neben dem Orakelspruch auch den allgemeinen Rat des Gottes beherzigen sollen, nämlich sich wohl zu beraten. Sie fragten an, ob sie den gleichnamigen See bei ihrer Stadt trockenlegen sollten, der sumpfig und pestilenzbringend war. Die Pythia antwortete:[75]

μὴ κίνει Καμάριναν, ἀκίνητος γὰρ ἀμείνων,
μή ποτε κινήσας τὴν μείονα μείζονα θείης.

Rühr Kamarina nicht an! ’ist besser, sie nicht zu berühren;
nimm dich in acht, durch Rühren die kleine zur großen zu machen.

Anthologia Graeca 9,685;
Übers. H. Beckby

Die Leute von Kamarina beschlossen, den See dennoch auszutrocknen, was zwar der Gesundheit förderlich, für die Stadt schließlich aber verderblich war. Denn die Feinde konnten sich Kamarina nun bequem nähern und es einnehmen. »Lass Kamarina in Ruhe!« wurde zum Sprichwort für diejenigen, die dabei waren, sich selbst in Schwierigkeiten zu bringen.

Auch eine Gegend in Athen, unterhalb der Akropolis, sollte man dem Orakel zufolge in Ruhe lassen und nicht bebauen:[76]

τὸ Πελαργικὸν ἄργον ἄμεινον.

Das Pelargikon liege euch besser im Argen.

Thukydides 2,17; Übers. G. P. Landmann

In den Nöten und Zwängen des Peloponnesischen Krieges wurde dort doch gebaut; die vom Land hereinströmende Zivilbevölkerung nutzte jeden freien Fleck, um sich eine Unterkunft zu schaffen. Die Pest, die in Athen ausbrach, wurde von vielen auf die Missachtung des Orakels zurückgeführt. Thukydides, der Skeptiker und Realist, sah als Ursache der Pest eher die Überfüllung der Stadt, darunter auch die zwangsweise Besiedelung des Pelargikons. Er meinte, das Orakel sei sozusagen umgekehrt in Erfüllung gegangen. Auf jeden Fall habe es zu Recht vorausgesagt, dass man nicht zum Guten dort wohnen werde.

Private Probleme

Ebenfalls sprichwörtlich wie »Lass Kamarina in Ruhe!« wurde ein anderes Orakel. Nach der Schlacht von Plataiai ging das Gerücht um, der gefallene persische Oberbefehlshaber Mardonios habe bei seinem Feldherrnzelt einen Schatz vergraben, der nun noch in der Erde schlummere. Ein Mann aus Theben (oder Athen), Polykrates, kaufte das Gelände und suchte lange vergeblich. Schließlich ließ er in Delphi anfragen, was er tun müsse, um den Schatz zu finden. Apollon soll, wohl ironisch, geantwortet haben:[77]

πάντα λίθον κίνει.

Wende jeden Stein um!

Suda (PW 2, Nr. 109)

In der Suda, dem byzantinischen Lexikon, heißt es, dieses Orakel liege der Redewendung »jeden Stein umdrehen« zugrunde. Es hat sich auch in der Volkserzählung erhalten. Ein Mann wollte wissen, wo sein verstorbener Vater seinen Schatz vergraben habe. Er bekam die Antwort: »Wende jeden Stein um!« Der Mann grub seinen Acker oder Weinberg sorgfältig um, und dieser brachte daraufhin reichen Ertrag.

Diese Orakel müssen nicht ihres Charakters wegen unbedingt unecht sein. Gerade bei den Anfragen von Privatleuten ist damit zu rechnen, dass oft die gleichen oder ähnliche Fragen gestellt wurden. Die Pythia konnte aus dem Reservoir volkstümlicher Überlieferung schöpfen und mit solchen leicht fasslichen Sprüchen antworten.

Es gab auch Besucher, die mit bedenklichen Ansinnen kamen. Bei Herodot wird die Geschichte des Spartaners Glaukos erzählt.[78] Dieser hatte eine große Summe Geld für einen Bekannten in Verwahrung genommen und wollte es dessen Söhnen nicht herausgeben, obwohl sie die vereinbarten Erkennungszeichen vorwiesen. Er hieß sie nochmals wiederkommen und machte sich auf nach Delphi. Dort fragte er an, ob er schwören solle, das Geld nicht bekommen zu haben, um es dann einfach zu behalten. Die Pythia aber fuhr ihn mit harten Worten an:

> Γλαῦκ' Ἐπικυδεΐδη, τὸ μὲν αὐτίκα κέρδιον οὕτω
> ὅρκῳ νικῆσαι καὶ χρήματα ληίσσασθαι.
> ὄμνυ, ἐπεὶ θάνατός γε καὶ εὔορκον μένει ἄνδρα.
> ἀλλ' Ὅρκου πάϊς ἐστὶν ἀνώνυμος, οὐδ' ἔπι χεῖρες
> οὐδὲ πόδες· κραιπνὸς δὲ μετέρχεται, εἰς ὅ κε πᾶσαν
> συμμάρψας ὀλέσῃ γενεὴν καὶ οἶκον ἅπαντα.
> ἀνδρὸς δ' εὐόρκου γενεὴ μετόπισθεν ἀμείνων.

Glaukos, Epikydide, für jetzt zwar bringt es dir Vorteil,
obzusiegen durch Eid und den kostbaren Schatz zu erbeuten.
Schwör nur! Sterben erwartet den Mann auch, der ehrlich den Eid hält.
Aber des Eidschwurs Sohn besitzt weder Namen noch Hände
noch auch Füße, doch folgt er mit eilendem Fuße, bis dass er
endlich das ganze Geschlecht und das Haus von der Erde vertilgt hat;
aber des redlichen Mannes Geschlecht wird später noch blühen.

Herodot 6,86; Übers. H. Beckby

Als Glaukos das hörte, bat er den Gott um Verzeihung. Die Pythia aber antwortete, Gott versuchen und es tun wiege gleich schwer. Glaukos gab das Geld zurück, von ihm und seiner Familie aber gibt es keine Spuren mehr in Sparta, ausgetilgt ist die ganze Sippe bis auf die Wurzel. So die Erzählung, die vor einer ungerechten Politik warnen soll und die delphische Ethik um 490 v. Chr. auf einer fortgeschritteneren Stufe zeigt: Die Absicht ist bereits strafbar, nicht erst die böse Tat selber.

Diese ethische Auffassung sollte auch in der folgenden Geschichte dokumentiert werden, mag sie nun historisch sein oder nicht. Aelian erzählt:[79]

Drei junge Männer, die aus ein und derselben Stadt stammten, kamen nach Delphi, um das Orakel zu befragen. Da fielen sie Verbrechern in die Hände. Einer der jungen Männer lief vor den Räubern davon, der Zweite nahm, nachdem die anderen Verbrecher getötet waren, mit dem Letzten von ihnen den Kampf auf.

Der Dritte wollte ihm zu Hilfe kommen, verfehlte aber den Räuber und durchbohrte mit seinem Schwert den Freund. Dem, der die Flucht ergriffen hatte, gab die Pythia folgende Antwort:

> ἀνδρὶ φίλῳ θνήσκοντι παρὼν πέλας οὐκ ἐπαμύνας.
> ἤλυθες οὐ καθαρός· περικαλλέος ἔξιθι νηοῦ.
>
> Nah bei dem sterbenden Freunde, und eiltest ihm doch nicht zu Hilfe!
> gekommen bist du nicht unschuldig, verlasse den herrlichen Tempel!

Und dem Anderen gab sie auf seine Frage zur Antwort:

> ἔκτεινας σὸν ἑταῖρον ἀμύνων· οὔ σε μιαίνει
> αἷμα, φόνου δὲ πέλεις καθαρώτερος ἢ πάρος ἦσθα.
>
> Hingestreckt hast du den Freund, als Hilfe du bringen wolltest;
> nicht hat das Blut dich befleckt, deine Hände sind reiner als vorher.

Aelian, *Bunte Geschichten* 3,44;
Übers. H. Helms

Die Reinheit ist von der Gesinnung, der Absicht abhängig, eine von der Philosophie geprägte Auffassung in einer Zeit, als sich ein differenzierteres geistiges und religiöses Bewusstsein entwickelt hatte.

Hiervon künden auch Epigramme in der *Anthologia Graeca*, aus der Zeit des Hellenismus, die zwar dem pythischen Gott nur zugeschrieben wurden und keine originalen Orakelsprüche sind, wohl aber »delphische Ethik« wiedergeben. Statt einer »kultischen Reinheit«, die zwar immer zeichenhaft war, jetzt aber offenbar als bloß formal empfunden wird, fordert man die innere Reinheit, eine Ethik der Gesinnung:[80]

ἱρὰ θεῶν ἀγαθοῖς ἀναπέπταται, οὐδὲ καθαρμῶν
  χρείω· τῆς ἀρετῆς ἥψατο οὐδὲν ἄγος.
ὅστις δ' οὐλοὸς ἦτορ, ἀπόστιχε· οὔποτε γὰρ σὴν
  ψυχὴν ἐκνίψει σῶμα διαινόμενον.

Guten öffnen die Götter das Tor ihres Tempels; hier braucht es
  keiner Entsühnung, denn Schuld haftet der Tugend nicht an.
Wer aber böse im Herzen, der weiche von hinnen, denn niemals
  spült die Waschung des Leibs Flecken der Seele hinweg.

ἁγνὸς πρὸς τέμενος καθαροῦ, ξένε, δαίμονος ἔρχου
  ψυχήν, νυμφαίου νάματος ἁψάμενος·
ὡς ἀγαθοῖς ἀρκεῖ βαιὴ λιβάς· ἄνδρα δὲ φαῦλον
  οὐδ' ἂν ὁ πᾶς νίψαι νάμασιν Ὠκεανός.

Reinen Herzens nur nahe dem Tempel der lauteren Göttin,
  erst nachdem du am Quell, Freund, dich mit Wasser besprengt.
schon ein Tröpfchen genügt für gute Menschen; die bösen
  wüsche mit all seiner Flut selbst nicht der Ozean rein.

Anthologia Graeca 14,74; 14,71;
Übers. H. Beckby

Mit einem differenzierten Bewusstsein vom Göttlichen ging auch religiöser Skeptizismus einher. Für die Stoiker standen alle Arten von Weissagung mit ihren Gottes- und Schicksalsvorstellungen in Einklang: Chrysipp hatte in einem leider verlorenen Werk delphische

Orakel gesammelt. Andere Philosophenschulen wie die Epikureer lehnten die Mantik ab, wobei sie freilich das delphische Orakel als Stätte kultureller Tradition tolerierten.

Auch von skeptischen Besuchern, die das Orakel auf die Probe stellen wollten, weiß die Überlieferung zu berichten.

Einer wollte sich offenbar den Ruhm erwerben, die Pythia ausgetrickst zu haben. Er kam mit einem Sperling in der geschlossenen Faust und fragte:[81]

> Τί ἔχω εἰς τάς χεῖράς μου – ἔμπνουν ἤ ἄπνουν.
>
> Was habe ich in meiner Hand: Lebt es oder lebt es nicht?

Er hatte vor, im Gegensatz zur Antwort des Orakels den Vogel entweder tot oder lebendig vorzuzeigen. Die Pythia verstand aber offenbar Spaß und erwiderte:

> ὦ οὗτος, εἰ θέλεις δείξεις – ἐν σοὶ γάρ ἐστι τοῦτο πρᾶξαι – ἤ ἔμπνουν ἤ ἄπνουν.
>
> Freundchen, es ist, wie du es vorzeigen willst – du hast es in der Hand: entweder lebend oder nicht lebend.
>
> Babrios 229

Unverfroren war auch ein anderer Besucher, ein Skeptiker namens Daphnites (oder Daphitas), von dem Valerius Maximus berichtet:[82]

> Hic [Daphnites] ... Apollinem Delphis inridendi causa consuluit an equum invenire posset, cum omnino nullum habuisset. Cuius ex oraculo reddita vox est inventurum equum, sed ut eo proturbatus periret. Inde cum iocabundus quasi delusa sacrarum sortium

fide reverteretur, incidit in regem Attalum saepe numero a se contumeliosis dictis absentem lacessitum eiusque iussu saxo, cui nomen erat Equi, praecipitatus ad deos usque cavillandos dementis animi iusta supplicia pependit.

Dieser Daphnites … wollte sich einen Spaß machen und befragte Apollon in Delphi, ob er sein Pferd wiederfinden könne. Dabei hatte er gar kein Pferd! Das Orakel verkündete ihm, er werde das Pferd finden, aber, von ihm heruntergestoßen, zu Tode kommen. Während er auf dem Heimweg war und sich darüber belustigte, dass er das heilige Orakel an der Nase herumgeführt habe, fiel er Soldaten des Königs Attalos von Pergamon in die Hände, den er aus sicherer Entfernung mit Schmähungen des Öfteren schon schwer gereizt hatte. Auf Befehl des Königs wurde er von einer Klippe gestürzt, die »Pferd« hieß. Er zahlte damit die gerechte Strafe dafür, dass er in seiner törichten Vermessenheit so weit gegangen war, mit den Göttern seinen Spott zu treiben.

Valerius Maximus 1,8, ext. 8

Von einem Daphnitas von Telmessos ist übrigens das Fragment eines Spottgedichtes auf König Attalos erhalten; dass er durch diesen so zu Tode gekommen ist, erscheint also nicht unwahrscheinlich.

Man kann sich vorstellen, dass solche Geschichten, ob wahr oder nicht, aber jedenfalls mit einer zu Delphi passenden Moral, von Priestern oder Fremdenführern in Delphi erzählt wurden. Nicht nur die Orakelsuchenden, sondern auch die zahlreichen Besucher der Pythischen Spiele nahmen solche Anekdoten gern mit nach Hause.

Berühmte Persönlichkeiten

Jede bekannte Persönlichkeit aus Mythos, Geschichte, Kunst und Wissenschaft war in Delphi verewigt. Das begann mit Homer, der hier nach seinem Geburtsort gefragt haben soll, bereits in der Antike ein strittiges Thema. Den Spruch sah Pausanias an einer Säule mit einem Bronzebildnis des Dichters, die sich in der Vorhalle des Tempels befand. Die Antwort lautete:[83]

ὄλβιε καὶ δύσδαιμον – ἔφυς γὰρ ἐπ' ἀμφοτέροισι
πατρίδα δίζηαι; μητρὶς δέ τοι, οὐ πατρίς ἐστιν.
ἔστιν Ἴος νῆσος μητρὸς πατρίς, ἥ σε θανόντα
δέξεται. ἀλλὰ νέων παίδων αἴνιγμα φύλαξαι.

Glücklicher und Unseliger, denn zu beidem wurdest du geboren,
das Vaterland suchst du; ein Mutterland, kein Vaterland hast du.
Ios, die Insel, ist das Vaterland der Mutter, das dich im Tode
empfangen wird. Doch hüte dich vor dem Rätsel der Jungen.

Pausanias 10,24,2; Übers. E. Meyer

Glücklich und unglücklich war der Sänger wegen seines ewigen Ruhmes und seiner Blindheit. Mit dem Rätsel war Folgendes gemeint. Homer hatte sich auf die Insel Ios begeben und sah dort von seinem Felsensitz aus Fischer in ihren Booten herankommen, die er fragte, ob sie etwas gefangen hätten. Die jungen Männer hatten nichts gefangen und sich in der Wartezeit gegenseitig die Läuse abgesucht. Nun antworteten sie:

ὅσσ' ἕλομεν λιπόμεσθ', ὅσσ' οὐχ ἕλομεν φερόμεσθα

Was wir fingen, ließen wir dort – was wir nicht fingen,
bringen wir mit.

(Ps.-)Plutarch, *Homer* 4,67

Die Läuse, die sie erwischen konnten, hatten sie getötet und über Bord geworfen; die sie nicht gefunden hatten, brachten sie in ihren Kleidern mit. Homer soll, so will es die Legende, über diesem unlösbaren Rätsel tiefsinnig geworden und schließlich gestorben sein. Er wurde auf Ios begraben.

Auch einem anderen Dichter wurde ein baldiger Tod prophezeit.[84] Pindar hatte durch seine *Pythien*, die Oden zu Ehren der Sieger bei den Pythischen Spielen, eine Verbindung zu Delphi; man zeigte dort einen Thronsessel, auf dem er gesessen und seine Lieder vorgetragen habe. Plutarch überliefert Folgendes:

λέγεται δὲ καὶ αὐτῷ Πινδάρῳ ἐπισκήψαντι τοῖς παρὰ τῶν Βοιωτῶν πεμφθεῖσιν εἰς θεοῦ πυθέσθαι, τί ἄριστόν ἐστιν ἀνθρώποις, ἀποκρίνασθαι τὴν πρόμαντιν ὅτι οὐδ' αὐτὸς ἀγνοεῖ, εἴ γε τὰ γραφέντα περὶ Τροφωνίου καὶ Ἀγαμήδους ἐκείνου ἐστίν· εἰ δὲ καὶ πειραθῆναι βούλεται, μετ' οὐ πολὺ ἔσεσθαι αὐτῷ πρόδηλον. καὶ οὕτω πυθόμενον τὸν Πίνδαρον συλλογίζεσθαι τὰ πρὸς τὸν θάνατον, διελθόντος δ' ὀλίγου χρόνου τελευτῆσαι.

Es heißt, Pindar habe [im Alter] seine Landsleute aus Boiotien, die nach Delphi entsandt wurden, beauftragt, den Gott zu fragen: »Was ist das Beste für die Menschen?« Die Priesterin habe erwidert, dass Pindar selbst dies ja nicht unbekannt sein könne, wenn die Verse über das Geschick von Trophonios und Agamedes denn wirklich von ihm seien. Wenn er es aber selbst erfahren wolle, dann werde es ihm in nicht allzu langer Zeit eindeutig klar werden. Pindar verstand diesen Spruch als eine Voraussage seines Todes, und wirklich starb er auch kurze Zeit später.

Plutarch, *Moralia* 1,109 B

Von Trophonios und Agamedes, den berühmten Erbauern des Apollontempels von Delphi, hatte Pindar erzählt[85], dass sie nach Fertigstellung ihrer Arbeit von Apollon ihren Lohn forderten. Dieser versprach, sie am siebten Tag zu bezahlen, und trug ihnen auf, sie sollten es sich bis dahin wohl sein lassen. Sie taten wie geheißen, legten sich nach dem siebten Tag zum Schlaf nieder und starben in der Nacht. Die pessimistische Auffassung, das Beste sei, nicht geboren zu werden oder aber ein baldiger Tod, ist vielfach belegt, so auch in der Geschichte von Kleobis und Biton, deren Statuen in Delphi zu sehen sind. Die beiden jungen Männer wurden von der Göttin Hera in Argos mit dem Tod »belohnt«, nachdem sie sich statt der ausgebliebenen Zugtiere selbst ins Joch gespannt hatten, um ihre Mutter, die Herapriesterin, rechtzeitig zu ihrem Dienst beim Götterfest zu bringen. Auf die Bitte der Mutter gab ihnen die Göttin, was das Beste für sie war.

Diese Moral gehörte auch zu Delphi, als letzte Konsequenz des »Erkenne dich selbst«, nämlich dass der Mensch sterblich und hinfällig ist. Es ist keine Strafe, sondern eine Gnade, wenn er auf dem Höhepunkt seines Lebens stirbt, noch bevor ihn das traurige Alter erreicht.

Nach einem Ehrenplatz in Delphi, wie ihn Homer und Pindar besaßen, strebten so manche. Es lag nahe, dem Einzug in die Ruhmeshalle etwas nachzuhelfen. In Herakleia am Pontos, am Schwarzen Meer, litt man unter einer Hungersnot und schickte eine Abordnung nach

Delphi, um den Gott um Abhilfe zu bitten. Der Philosoph Herakleides aber soll, so wird berichtet[86], die Gesandten, ja sogar die Pythia mit Geld bestochen haben. Es sollte der Spruch ergehen, wenn man ihn, Herakleides, zu Lebzeiten feierlich mit einem goldenen Kranz auszeichne (wozu noch andere lukrative Vorteile gehörten) und ihn nach dem Tod wie einen Heros ehre, dann werde die Plage verschwinden. Die Gesandten brachten in der Tat ein solches Orakel mit heim, Herakleides sollte im Theater feierlich gekrönt werden, da traf ihn der Schlag. Die Pythia aber, die zur gleichen Stunde den Tempel betrat, wurde von einer Schlange gebissen und starb. Als der Betrug entdeckt wurde, steinigte man die Gesandten.

Ein schlimmes Ende nahm es der Überlieferung nach auch mit dem Fabeldichter Äsop. Er machte sich unbeliebt bei den Delphern, die er arbeitsscheue Schmarotzer nannte, die nur von den Gaben und Geschenken der Orakelbesucher lebten. Als er Delphi verlassen wollte, untersuchten Zöllner sein Gepäck und fanden eine goldene Schale aus dem Tempelbesitz, die die beleidigten Bewohner dort heimtückisch versteckt hatten.[87] Äsop wurde wegen Hierosylie, wegen Tempelraubes, angeklagt, zum Tode verurteilt und von einem Felsen in den Abgrund gestürzt. Daraufhin brachen Hunger und Seuchen in Delphi aus. Das Orakel verkündete, die Delpher müssten ein Sühnegeld für die Blutschuld entrichten. Äsop, als ehemaliger Sklave, hatte keine Angehörigen, die es entgegennehmen konnten. So mussten die Delpher lange suchen, bis sich ein gewisser Iadmon meldete, der gleichnamige Enkelsohn des Mannes aus Samos, dem Äsop als Sklave gehört hatte. Schon Herodot kennt diese Geschichte (2,134); der anonyme kaiserzeitliche Verfasser des Äsop-Romans verwendet sie als Schlusspunkt einer Entwicklung Äsops von Frömmigkeit zu Hybris.[88] Der Dichter ließ in einem Heiligtum der Musen, das er ihnen errichtete, zu den Statuen der Gottheiten sein eigenes Bild aufstellen anstatt das des Apollon Musagetes, des Musenführers. Dann schmähte er noch die Diener des Gottes: In diesem Zusammenhang erscheint sein Tod nicht gänzlich unbegründet. Gleichwohl blieb die Tatsache bestehen, dass Äsop betrügerisch verurteilt und zu Tode gebracht worden war; die Tat forderte daher Sühne.

Ganz unter diesem Aspekt wird der Tod des Äsop bei Plutarch gesehen: als Beispiel für die späte, aber sichere Strafe durch die Gottheit. Äsop kam im Auftrag des Königs Kroisos aus Sardes nach Delphi mit reichen Gaben für den Gott und einer großen Summe Geld für die Bürger. Er gelangte aber zur Überzeugung, dass diese die Geschenke nicht verdienten, denn sie lebten nur von den Opfergaben an den Gott. Daher sandte Äsop das Geld nach Sardes zurück. Daraufhin machten die Delpher dem Fabeldichter den Prozess wegen angeblichen Tempelraubes und töteten ihn. Die Plagen, die daraufhin einsetzten, hörten erst auf, als zwei Generationen später Iadmon nach Delphi kam und die Sühnegaben entgegennahm.[89]

Nicht so streng wie bei Blutschuld erwies sich Apollon im Bereich der Liebe. In Phokis gab es ein Heiligtum des Herakles Misogynos, des Frauenfeindlichen, für dessen Kult Keuschheit vorgeschrieben war. Ein junger Priester hatte in weinseliger Stimmung sein Gelübde gebrochen. In Furcht und Zerknirschung kam er nach Delphi und fragte Apollon, ob es einen Weg gäbe, wie er Reinigung und Vergebung finden könne. Der Gott antwortete mit einem Formelvers:[90]

ἅπαντα τ'ἀναγκαῖα συγχωρεῖ θεός.

Was alles unvermeidlich ist, erlaubt der Gott.

Plutarch, *Moralia* 3,404 A

Nachsichtig in Fragen der Liebe zeigte sich Apollon auch bei einem Vater, der unbedingt seinen Sohn von der Liebeskrankheit geheilt haben wollte. Dem Gott schien eher der Vater behandlungsbedürftig:[91]

λήξει παῖς σὸς ἔρωτος, ὅταν κούφῃ νεότητι
Κύπριδος ἱμερόεντι καταφλεχθῇ φρένας οἴστρῳ.
ὀργὴν οὖν πρήϋνον ἀμειδέα μηδ' ἐπιτείνειν
κωλύων· πράσσεις γὰρ ἐναντία σοῖσι λογισμοῖς.
ἢν δέ γ' ἐφ' ἡσυχίην ἔλθῃς, λήθην τάχος ἕξει
φίλτρων καὶ νήψας αἰσχρᾶς καταπαύσεται ὁρμῆς.

Dein Sohn wird von seiner Liebesleidenschaft befreit werden, wenn in seinen beschwingten Jugendjahren Aphrodites heißes Liebesfeuer in seinem Herzen niedergebrannt ist. Mildere du nun deinen finster dreinblickenden Groll und höre auf, den Sohn zurückhalten zu wollen. Denn damit erreichst du gerade das Gegenteil von dem, was du anstrebst. Wenn du ganz ruhig und gelassen bist, wird er bald allen Liebeszauber vergessen, wieder vernünftig werden und ablassen von seiner schlimmen Leidenschaft.

Suda (PW 2, Nr. 468)

Hier ist Apollon nicht Loxias, der »Schräge«, Schwerverständliche, sondern ein Erzieher für jedermann. Man kann sich vorstellen, wie die Pilger auf den oft langen Heimwegen über ihren Spruch nachdachten und Nutzen für ihr Leben daraus ziehen konnten, wie dieser Vater hier, der möglicherweise mit einer gewandelten Einstellung seinem Sohn gegenüber nach Hause kam.

6
Spätzeit und Niedergang des Orakelwesens

Philipp II. und Alexander

Nachdem Griechenland seine Freiheit an die hellenistischen Könige und dann an die Römer verloren hatte, sank das Ansehen des delphischen Orakels. Der Makedonenkönig Philipp II., der Vater Alexanders des Großen, brauchte keine göttlichen Weisungen für seine autokratische Politik, bediente sich aber aus taktischen Gründen zuweilen doch des Orakels, zum Beispiel um sein Griechentum zu betonen. Eine Inschrift aus der Stadt Olynth kündet von einem Bündnis, das Philipp mit den Chalkidiern abgeschlossen hatte, wohl um 356 v. Chr.:[92]

> [ἔχρησεν ὁ θεὸς Χαλκιδεῦσι κ]αὶ Φιλίππωι λῶ[ι]όν τε κα[ὶ ἄμει]νον εἶμεμ φίλους τε καὶ [συμμάχους γίνεσθαι κατὰ τὰ ὡμο]λογημένα.
>
> Der delphische Gott hatte verkündet, es sei für die Chalkidier und für Philipp vorteilhafter und besser, Freunde und Bundesgenossen zu werden gemäß dem vereinbarten Abkommen.
>
> PW 2, Nr. 260

Dann wurden noch die Götter genannt, denen man feierliche Opfer darzubringen habe. Ein Dankopfer solle zum pythischen Apollon gesandt werden.

Dies alles hinderte Philipp jedoch keineswegs, das Bündnis zu brechen. Es wurde offensichtlich, dass der

König in einer kriegerischen Auseinandersetzung mit den Griechen die Hegemonie über ganz Hellas anstrebte. Der Redner und Politiker Demosthenes sah die Gefahr und suchte die Griechen zu einigen und zum Widerstand aufzurufen. Angesichts düsterer (uns im Wortlaut nicht bekannter) Orakel aus Delphi, von denen sich manche schrecken ließen, äußerte er den Verdacht, die Pythia »philippisiere«, sie sympathisiere mit dem Makedonenkönig. Es hieß auch, sie habe ihm folgenden Spruch gegeben und damit gewissermaßen seine aufwendigen Bestechungsmethoden abgesegnet:[93]

ἀργυρέαις λόγχαισι μάχου καὶ πάντα κρατήσεις.

Kämpfe mit silbernen Speeren und du wirst alles
beherrschen!

PW 2, Nr. 268

Möglicherweise war dies aber auch nur ein ironischer Kommentar aus delphischen Kreisen zu Philipps moralisch anrüchiger, aber leider oft erfolgreicher Politik. Er hatte sarkastisch erklärt, auch die stärkste Festung sei einzunehmen, wenn man nur einen mit Gold beladenen Esel vor die Mauern bringen könne.

Im Jahre 336 v. Chr. erhielt Philipp ein Orakel in echt delphisch-doppeldeutiger Manier. Er rüstete für den Feldzug gegen Persien und freute sich zu hören:[94]

ἔστεπται μὲν ὁ ταῦρος, ἔχει τέλος, ἔστιν ὁ θύσων.

Bekränzt ist der Stier, das Ende ist da, der Opferer
steht bereit.

Diodor 16,91,2; Pausanias 8,7,6

Der König glaubte, schon bald die Siegesfeier begehen zu können, gemeint war aber, wie sich herausstellen sollte, eine Feier, bei der Philipp, festlich geschmückt wie ein Opfertier, dahingeschlachtet wurde: Er fiel einem Attentat zum Opfer.

Sein Sohn Alexander verfügte souverän über das Orakel. Er wollte sich, wie Plutarch berichtet[95], einen Spruch über den Perserfeldzug geben lassen, kam aber nach Delphi, als gerade ungünstige Tage waren, an denen keine Orakel erteilt werden durften. Alexander schickte nach der Pythia, sie weigerte sich jedoch zu kommen und berief sich auf das Verbot. Darauf ging er selber hin und brachte sie mit Gewalt zum Tempel. Da sagte sie, gleichsam überwältigt von seiner Beharrlichkeit:

ἀνίκητος εἶ, ὦ παῖ.

Du bist unüberwindlich, Knabe!

Plutarch, *Alexander* 14,7

Als Alexander dies hörte, meinte er, nun brauche er keinen weiteren Seherspruch mehr, er habe bereits das gewünschte Orakel von ihr. Auf seinem Feldzug suchte er auch andere Orakel auf, wie das des Apollon in Didyma bei Milet und das Heiligtum des Zeus Ammon in Libyen in der Oase Siwa, das er geradezu in Mode brachte.

Die hellenistischen Könige in seiner Nachfolge bevorzugten Orakel in der Nähe ihrer Herrschersitze, wenn sie überhaupt das Bedürfnis nach einer Sanktionierung ihrer autokratischen Regierungsmaßnahmen hatten. Delphi litt unter kriegerischen Auseinandersetzungen, besonders bedroht war es durch den Einfall der Kelten unter Brennus 278 v. Chr. Die Delpher wollten beim Heranrücken der Feinde ihre Kinder samt Hab und Gut evakuieren und fragten, was sie mit den Tempelschätzen tun sollten. Darauf antwortete der Gott:[96]

ἐμοὶ μελήσει ταῦτα καὶ λευκαῖς κόραις.

Lass mein die Sorge und der weißen Jungfraun sein.

PW 2, Nr. 329

Als wilde Horden von Plünderern dem Tempel nahten, brach ein Unwetter los mit Schneesturm und Bergstürzen, so dass sich die Feinde zurückzogen.

Die Römer

Gegen den römischen Feldherrn Sulla war Apollon jedoch machtlos. Sulla plünderte die Tempelschätze, um sein Heer zu versorgen, und meinte zynisch, der Gott habe offenbar nichts dagegen. Während Sulla nach der Eroberung Athens 87 v. Chr. grausam in der Stadt wütete, gelang einigen Athenern die Flucht nach Delphi. Sie befürchteten den völligen Untergang ihrer Heimatstadt, die Pythia tröstete sie jedoch mit dem Zitat eines Versorakels, das einst an den athenischen Heros Theseus ergangen sein sollte:[97]

Αἰγεΐδη Θησεῦ, Πιτθηίδος ἔκγονε κούρης,
πολλαῖς τοι πολίεσσι πατὴρ ἐμὸς ἐγκατέθηκε
τέρματα καὶ κλωστῆρας ἐν ὑμετέρῳ πτολιέθρῳ,
ἀλλὰ σὺ μή τι λίην πεπονημένος ἔνδοθι θυμὸν
βουλεύειν· ἀσκὸς γὰρ ἐν οἴδματι ποντοπορεύσει.

Theseus, Sprössling des Aigeus und der Tochter des Pittheus!
Zeus, mein Vater, hat Grenzen und Schicksale vieler Völker

In eure Stadt gelegt; doch sollst du deswegen
Dich in deinem Gemüte nicht ängstlich bekümmern
und sorgen;
Denn du schwimmst, wie ein Schlauch, selbst über den
Wogen des Meeres.

Plutarch, *Theseus* 24,5;
Übers. J. F. Kaltwasser

Die Prophezeiung sollte sich wider Erwarten bewahrheiten, jedoch erst später, als die römischen Kaiser Athen und Hellas eine neue Blüte bescherten.

Von Staats wegen hatten die Römer keine Veranlassung, das delphische Orakel zu befragen; sie besaßen ihre eigenen Quellen der Weissagung, wie die Vorzeichendeutung durch die Auguren und Haruspices. Vor allem aber waren es die *Sibyllinischen Bücher*, die zum Staatsschatz gehörten und in Krisen- und Notzeiten befragt wurden. Wenn die Not freilich gar zu groß war, wie in den Punischen Kriegen, suchte man auch in Delphi Hilfe. Nach der katastrophalen Niederlage gegen Hannibal bei Cannae wurde im Jahr 216 v. Chr. Quintus Fabius Pictor, ein Verwandter des Feldherrn Fabius Maximus und erster Geschichtsschreiber Roms, nach Delphi geschickt. Er sollte anfragen, durch welche Gebete und Opfer man die Götter versöhnen könne, so dass die schlimmen Schicksalsschläge ein Ende nähmen. Fabius kehrte mit einer schriftlichen Antwort zurück, in der die Gottheiten und die Sühnemaßnahmen genannt waren. Dann hieß es:[98]

Si ita faxitis, Romani, vestrae res meliores facilioresque erunt magisque ex sententia res publica vestra vobis procedet victoriaque duelli populi Romani erit. Pythio Apollini re publica vestra bene gesta servataque lucris meritis donum mittitote, deque praeda manubiis spoli-

Delphische Sibylle von Michelangelo (1475–1564)
(Vatikan, Sixtinische Kapelle)

isque honorem habetote; lasciviam a vobis prohibetote.

Wenn ihr dies alles ausführt, ihr Römer, dann werden eure Angelegenheiten besser und günstiger werden. In eurem Staatswesen wird es mehr nach eurem Wunsch gehen, und der Sieg im Kriege wird auf eurer Seite sein. Wenn es eurem Staat wieder gut geht und er gerettet ist, dann sollt ihr dem pythischen Apollon von dem, was ihr gewonnen habt, eine Gabe senden. Und von der Beute, ihrem Erlös und den Rüstungen der Feinde sollt ihr ihm ein Ehrengeschenk schicken. Haltet euch aber fern von zügelloser Überhebung.

Livius 23,11

Livius fährt fort:

Als Fabius den griechischen Text in Übersetzung vorgelesen hatte, fügte er hinzu: Sogleich nach dem Verlassen des Orakelraums habe er allen genannten Gottheiten mit Weihrauch und Wein ein Opfer dargebracht. Der Vorsteher des Tempels habe ihm aufgetragen, mit dem Lorbeerkranz, mit dem er vor der Pythia erschienen sei und den er beim Opfer getragen habe, auch zu Schiff zu gehen und den Kranz nicht eher abzulegen, bis er in Rom angelangt sei. Alle diese Gebote habe er mit größter Gewissenhaftigkeit und Pünktlichkeit befolgt und den Kranz in Rom auf dem Altar des Apollon niedergelegt. Der Senat befahl, dass alle Opfer und öffentlichen Sühnefeiern möglichst bald zuverlässig und genau veranstaltet werden sollten.

Livius 23,11

Solche delphischen Antworten mit genauen Ritualvorschriften, wie sie auch für Griechenland bezeugt sind, scheinen nach Meinung vieler Forscher einen größeren Grad an Authentizität zu besitzen als die spektakulären, doppeldeutigen Sprüche. Die Auskünfte über Götteropfer waren den Römern willkommen, deren *religio* in einer peinlich genauen Erforschung des Götterwillens und einer ebenso peniblen Durchführung von entsprechenden Ritualen begründet war. Öffentliche Götterfeiern mit Opfern und Sühnegebeten dienten, gerade in Krisenzeiten, dem sozialen Zusammenhalt und der Aufmunterung der Bevölkerung.

Delphi leistete wunschgemäß auch Hilfestellung bei kultischen Angelegenheiten, ebenfalls in Krisenzeiten Roms. So vermittelte es bei der Überführung neuer Gottheiten nach Rom, bei der Großen Mutter Kybele, die in Gestalt eines schwarzen Steins 204 v. Chr., im Zweiten Punischen Krieg, aus dem kleinasiatischen Pessinous nach Rom kam.[99]

293 v. Chr. wütete eine Pest in Rom, die die Bevölkerung dahinraffte. Man wandte sich schließlich hilfesuchend an das Orakel von Delphi und erfuhr dort, nicht Apollon, sondern Apollons Sohn werde Roms Helfer sein. Ovid erzählt die märchenhafte Geschichte, wie die Römer schließlich Gesandte nach Epidauros schicken, um den Heilgott Asklepios, den Sohn Apollons, von dort zu holen.[100] Man will den großen Gott und Heiler aber nicht entbehren, keine Götter verschenken. Doch Asklepios selbst erscheint und bekundet seinen Willen, nach Rom zu ziehen. In Gestalt einer riesigen heiligen Schlange begibt er sich auf das römische Schiff und geht auf der Tiberinsel in Rom an Land, wo ihm ein Tempel errichtet wurde. Anderen Quellen zufolge wurde Asklepios aufgrund von Sprüchen der *Sibyllinischen Bücher* nach Rom geholt. Die Einführung seines Kultes im Jahr 293 war jedenfalls eine historische Tatsache, und man wird eine solche »Götterüberführung« wohl nicht an Delphi vorbei vorgenommen haben. Das Gebiet von

Delphi wurde damals von den Aitolern beherrscht, die Rom als Bundesgenossen zu gewinnen hoffte – was auch gelang. Ovid brachte es auf eine poetische Formel: Beide Götter, die Große Mutter Kybele wie auch Asklepios, bekundeten ihren Willen, in Rom ihren Sitz zu nehmen. Dies bedeutete eine Aufwertung der Tiberstadt als religiöse wie imperiale Metropole, mit dem Segen Delphis, doch war auch den Hellenen und den hellenistischen Herrschern an Kontakten mit der aufstrebenden Großmacht im Westen gelegen.

Der römische Dichter Ennius (239–169 v. Chr.), der erste Epiker Roms, fügte in sein historisches Epos *Annales* ein angebliches Orakel an König Pyrrhos ein, in dem er die delphische Doppeldeutigkeit ins Lateinische übertrug:[101]

> Aio te, Aeacida, Romanos vincere posse.
>
> Wahrlich, das Volk der Römer wird Aiakos' Enkel [Pyrrhos] besiegen.
>
> Ennius, *Annalen*, nach: Cicero, *De divinatione* 2,116; Übers. R. Kühner

Es blieb hier offen, wer wen besiegen würde, sicher war nur, dass Apollon in jedem Fall Recht behalten würde, was sowohl Cicero wie Augustinus zur Kritik am Orakelwesen und der allgemeinen Leichtgläubigkeit herausforderte. Dabei ist zu fragen, ob Ennius wirklich ein solches, im Original griechisches Orakel kannte, oder ob es ihm auf das Sprachspiel ankam.

In der langen Friedensepoche nach der Zeitenwende wurde Delphi wieder viel besucht, aber nun hauptsächlich als kulturelle Sehenswürdigkeit, wie es bei Pausanias, dem »antiken Baedeker«, beschrieben ist. Große Weihgeschenke wurden nicht mehr gestiftet, ganz im

Gegenteil ließen die römischen Statthalter viele Kunstwerke nach Rom verschiffen; Kaiser Nero, der sich als Gesamtsieger der Pythischen Spiele feiern ließ, räuberte in großem Stil. Ob er bei diesem Besuch auch ein Orakel erhielt, oder ob es postum in Umlauf gebracht wurde, ist nicht zu entscheiden. Sueton berichtet:[102]

> ut vero consulto Delphis Apolline septuagensimum ac tertium annum cavendum sibi audivit, quasi eo demum obiturus, ac nihil coniectans de aetate Galbae, tanta fiducia non modo senectam sed etiam perpetuam singularemque concepit felicitatem [...]
>
> Als er aber das Orakel des Apollon in Delphi befragte und die Antwort erhielt, er solle sich vor dem dreiundsiebzigsten Jahr in Acht nehmen, verstand er das so, dass er erst in diesem Alter sterben werde, und ihm kam gar nicht der Gedanke, dass hier die Lebensjahre Galbas gemeint sein könnten. Voller Zuversicht erwartete er nicht nur ein hohes Alter, sondern darüber hinaus auch ein Leben in ungetrübtem, einzigartigem Glück.
>
> Sueton, *Nero* 40,3

Der dreiundsiebzigjährige Galba aber sollte nach Neros erzwungenem Selbstmord im Vierkaiserjahr 69 n. Chr. dessen Nachfolger werden.

In der Zeit der Wahl- oder Adoptivkaiser erlebte das Römische Reich und mit ihm Griechenland eine neue Blüte. Hadrian, der große Philhellene, sah sich, wie auch sein Vorgänger Trajan, als Schirmherr des delphischen Orakels. Es entstand eine rege Bautätigkeit und wieder größerer Zulauf zum Orakel als in den Zeiten zuvor. Delphi konnte freilich nicht mehr die Vorrangstellung einnehmen wie in der archaischen und klassischen Zeit Griechenlands. Aufklärer und Skeptiker wie die Philosophen der epikureischen Schule, Spötter wie Lukian zogen das Orakelwesen, ja die Götter überhaupt in Zweifel. Lukian spart nicht mit Seitenhieben auf Apollon, der sich noch bezahlen ließe für seine unverständlichen Sprüche. In einem seiner Dialoge will einer der Gesprächspartner bei Apollon schwören, dem großen Propheten. »Wie«, sagt der andere, »bei dem Lügenpropheten, der den ehrlichen Kroisos und die Salaminier und zehntausend andere durch seine zweideutigen Orakel zugrunde gerichtet hat?«[103]

Die Gläubigen aber hatten die Auswahl: Andere heilige Stätten hatten sich etabliert, wie das Orakel Apollons in Klaros, nahe Kolophon in Kleinasien, zu dem viele Römer kamen. Auch Dodona und Didyma wurden noch besucht, vor allem aber waren es die »Kurzentren« der Heilgötter, die die Menschen anzogen, wie in Kos, Epidauros und Pergamon. Hier konnten die Heilungsuchenden in der Inkubation, im Tempelschlaf, selbst in direkten Kontakt mit dem Gott treten. Asklepios, der in der Kaiserzeit zu einem »Allgott« wurde, war anders als der hoheitsvolle, distanzierte Apollon. Er war ein milder, erbarmender Gott, ein σωτήϱ, ein Erlöser, und entsprach damit den Wünschen und Heilserwartungen der Zeit. Die Astrologie spielte eine große Rolle; man befragte die Chaldäer[104], Wahrsager, die sich auf die babylonische Tradition der Sterndeutung und des Horoskopwesens beriefen. So konnte man sich allerorten sein eigenes Orakel schaffen. In der Spätantike blühte auch die Theurgie, eine magische Kunst, durch die man mit dem Göttlichen in Verbindung trat.

Plutarchs Thesen

Die Nachblüte, die das delphische Heiligtum nach der Zeitenwende erlebte, spiegelt sich in den *Pythischen Dialogen* Plutarchs[105], der um 46 n. Chr. im boiotischen Chaironeia geboren wurde, nach 120 n. Chr. starb und etwa seit seinem 50. Lebensjahr einer der beiden Priester in Delphi war. Für ihn, den Philosophen, ist Apollon der große Erzieher, der die Menschen zum Nachdenken und zum Forschen nach der Wahrheit, nach der rechten Lebensweise, anregen will. Obwohl in Delphi wieder mehr Leben herrscht, muss Plutarch zugeben, dass das Orakel nie mehr die einstige Blüte erleben wird. In seinem Dialog *Über den Niedergang der Orakel* lässt er mehrere Freunde auf dem Tempelgelände diskutieren. Nicht nur Delphi hat einen Rückgang zu verzeichnen, auch die anderen Orakelstätten, wie die des Zeus Ammon in der libyschen Wüste; in Boiotien sind fast alle Orakel ganz erloschen. Woher kommt dies? Verschiedene Meinungen werden geäußert, etwa: starker Bevölkerungsrückgang im ganzen Land. Auch gibt es in der römischen Provinz Griechenland keine Haupt- und Staatsaktionen mehr, die man dem Gott vortragen könne. Oder finden sich doch Erdausdünstungen an bestimmten Orten, die die Seele in prophetische Verzückung setzen und die im Lauf der Zeit verschwinden oder durch Erderschütterungen ihre Richtung ändern? Schließlich wird die Lehre von den Dämonen aufgegriffen, Geistern, die Mittelwesen zwischen Göttern und Menschen sind. Sie sind nicht unsterblich, sondern können nach langer Zeit vergehen oder sich wandeln.[106] Vielleicht hat sich Apollon – er selbst ist ja unwandelbar und unsterblich – eines solchen Dämons als Mittler bedient, und dieser ist nun nicht mehr hier.

Diese problematische Theorie sollte weiterwirken: Die Christen stützten sich bei ihrer Apologetik nicht hauptsächlich darauf, das delphische Orakel sei ein Schwindelunternehmen gewesen, sondern sie behaupteten, ein böser Dämon habe die Menschen irregeführt. Die heidnischen Götter waren für sie Dämonen, verderbenbringende Geister aus dem Reich der Finsternis, Abgesandte Satans.

Wie sind diese bei Plutarch angeführten Thesen vereinbar: die personhafte Inspiration der Pythia durch Apollon, der prophetische Hauch, Erdausdünstungen, Dämonenwesen als Hüter des Orakels? Plutarch, der den Dialog von seinem Bruder Lamprias erzählen lässt, stellt nur die Meinungen nebeneinander. Das Orakelwesen werde dadurch nicht zu etwas, das ohne Gott und ohne Vernunft sei, lässt er Lamprias zusammenfassend sagen.[107] Der Gott bedient sich dieser Dinge als Instrumente, doch wie es nun »funktioniert«, das lässt Plutarch letztlich in der Schwebe. Man hat seine Einstellung dazu in der Eingangsgeschichte seines Dialogs zu finden geglaubt:[108]

> ἀετούς τινας ἢ κύκνους … μυθολογοῦσιν ἀπὸ τῶν ἄκρων τῆς γῆς ἐπὶ τὸ μέσον φερομένους εἰς ταὐτὸ συμπεσεῖν Πυθοῖ περὶ τὸν καλούμενον ὀμφαλόν· ὕστερον δὲ χρόνῳ τὸν Φαίστιον Ἐπιμενίδην ἐλέγχοντα τὸν μῦθον ἐπὶ τοῦ θεοῦ καὶ λαβόντα χρησμὸν ἀσαφῆ καὶ ἀμφίβολον εἰπεῖν·

> Adler oder Schwäne … sind, wie der Mythos erzählt, von den Enden der Erde weggeflogen und in der Mitte zusammengetroffen, in Pytho, beim sogenannten Omphalos. In späterer Zeit wollte Epimenides von Phaistos [auf Kreta] dem Mythos beim Gott [von Delphi] auf den Grund gehen und hatte einen unklaren und

doppeldeutigen Bescheid bekommen, den er so formulierte:

> οὔτε γὰρ ἦν γαίης μέσος ὀμφαλὸς οὐδὲ θαλάσσης·
> εἰ δέ τις ἔστι, θεοῖς δῆλος θνητοῖσι δ' ἄφαντος.
>
> Es gibt weder in der Mitte der Erde noch inmitten des Meeres einen Omphalos – gäbe es einen, dann wäre er den Göttern sichtbar, den Sterblichen aber unsichtbar.
>
> Plutarch, *Moralia* 3,409 EF

Damit hat Apollon, meint der Hauptunterredner Lamprias, und wohl auch Plutarch selbst, sich mit Recht dagegen gewehrt, dass man ein urheiliges Wort zu einem sicht- und greifbaren Ding machen wolle.

Als Plutarch, der fromme Priester Apollons, kurz nach 120 n. Chr. starb, leuchtete noch die Sonne kaiserlichen Wohlwollens über Delphi. Hadrian stellte hier eine Statue seines vergöttlichten Lieblings Antinoos auf, die heute noch zu sehen ist. Aber auch er konnte nicht verhindern, dass die Orakel allmählich verstummten, vor allem als sich das Christentum ausbreitete.

Im 3. Jahrhundert n. Chr. befragten Leute aus Nizäa in Kleinasien das delphische Orakel, ob sie weiterhin in der gewohnten Weise ihre Opfer darbringen sollten. Die Antwort lautete, beim Kirchenschriftsteller Eusebios überliefert:[109]

> Πυθῷον δ' οὐκ ἔστιν ἀναρρῶσαι λάλον ὀμφήν·
> ἤδη γὰρ δολιχοῖσιν ἀμαυρωθεῖσα χρόνοισιν
> βέβληται κληῖδας ἀμαντεύτοιο σιωπῆς.
> ῥέξατε δ' ὡς ἔθος ἐστὶ θεόπροπα θύματα Φοίβῳ.
>
> Nicht mehr möglich ist es, dem Orakel von Pytho
> Neuen Atem einzuflößen. Die lange Zeit hat es
> geschwächt;

Selbst auferlegt hat es sich das unprophetische Schweigen.
Opfert dennoch dem Phoibos, wie uralter Brauch es verlangt.

Eusebios, *Praeparatio evangelica* 5,16,1,12–15; Übers. E. Melas

Wie ernst die Christen – trotz aller Kritik – die Autorität des pythischen Apollon nahmen, ersieht man daraus, dass sie selbst »delphische Orakelsprüche« in Umlauf brachten:[110]

Augustus kam [um 12 n. Chr.] nach Delphi und fragte, wer nach ihm Kaiser sein werde. Die Pythia antwortete nichts, und Augustus stellte nun die Frage, warum das Orakel schweige. Da sprach die Pythia:

παῖς Ἑβραῖος κέλεταί με, θεὸς μακάρεσσιν ἀνάσσων,
τόνδε δόμον προλιπεῖν καὶ Αΐδην αὖθις ἱκέσθαι.
λοιπὸν ἄπιθι σιγῶν ἐκ βωμῶν ἡμετεράων.

Ein hebräischer Knabe, größer als alle Götter, befiehlt mir,
Dieses Haus zu verlassen, in den Hades zurückzukehren.
Verlass also schweigend unsere Altäre.

PW 2, Nr. 518; Übers. E. Melas

Augustus soll heimgekehrt sein und auf dem Kapitol dem neuen Gott einen Altar erbaut haben. Bekannter wurde eine ähnliche legendäre Weissagung in Rom. Die Sibylle von Tibur soll Kaiser Augustus dort, wo jetzt neben dem Kapitol die steile Freitreppe zur Kirche S. Maria in Aracoeli emporsteigt, in einer Vision am Himmel die heilige Jungfrau mit dem göttlichen Kinde neben einem Altar gezeigt haben. »Haec est Ara coeli – Das ist der Altar des Himmels«, bedeutete die Seherin dem Kaiser, der dort einen Altar erbaute, wo sich dann die Kirche Aracoeli erhob.[111]

Neben diesen »Rückdatierungen« gab es einen wohl authentischen delphischen Spruch, der als »das letzte Orakel« berühmt wurde. Kaiser Julian, der Neffe Konstantins des Großen, bekannte sich nach seiner Thronbesteigung 361 n. Chr. offen zum Glauben an die alten Götter, was ihm den Beinamen Apostata, der Abtrünnige, einbrachte. Er führte den heidnischen Kult wieder ein und wollte auch das delphische Orakel neu beleben. So schickte er seinen Freund und Mitarbeiter, den Arzt Oreibasios, nach Delphi, und dieser soll den folgenden Spruch erhalten haben:[112]

εἴπατε τῷ βασιλῆϊ, χαμαὶ πέσε δαίδαλος αὐλά.
οὐκέτι Φοῖβος ἔχει καλύβαν, οὐ μάντιδα δάφνην,
οὐ παγὰν λαλέουσαν, ἀπέσβετο καὶ λάλον ὕδωρ.

Saget dem Herrscher, zerstört liegt die kunstgesegnete Stätte,
Phoibos besitzt kein Dach mehr und keinen prophetischen Lorbeer;
Verstummt ist der sprechende Quell, es schweigt das murmelnde Wasser.

PW 2, Nr. 476; Übers. E. Melas

Julians Wiederbelebung des Heidentums war kein Erfolg beschieden; schon 363 traf ihn der Tod auf dem Schlachtfeld, und sein Nachfolger war wieder ein christlicher Kaiser. Doch er hat noch einmal zusammengefasst, was Delphi für die antike Welt bedeutete: Der pythische Gott ist nach Julians Überzeugung mit seinem Spruch »Erkenne dich selbst« als Ahnherr aller Philosophie anzusehen. Für die Griechen ist er der Schöpfer alles Guten und Schönen, Führer und Leiter von ganz Hellas, Gesetzgeber und König geworden.

Anmerkungen

1 Vgl. Müller (1997), S. 77 ff., mit Karte S. 79. – Zu den Adlern, die sich am Omphalos von Delphi treffen, vgl. S. 108.
2 Sie werden in Hymn. Hom. Herm. 552 ff. erwähnt. – Zum Omphalos vgl. Paus. 10,16,3; Pind. Pyth. 4,6 ff.; 6,3 ff.
3 Vgl. das Chorlied bei Eur. Iph. Taur. 1235 ff.
4 Aischyl. Eum. 1–11. – Phoibos: der Strahlende, Glänzende.
5 Die Ableitung ist unsicher (vielleicht als Erdschlund zu deuten), von πύθειν ›verwesen, verfaulen‹ (Hymn. Hom. Ap. 363) ist wohl sekundär. Zur Tötung des Pythondrachens und der Beziehung Apollons zum Lorbeer vgl. auch Ovid met. 1,438 ff.
6 Vgl. W. Burkert (1977), S. 227 sowie ders., »Apellai und Apollon«, in: *Rheinisches Museum* 118 (1975) S. 1–21.
7 Plut. mor. 3,474 A: *De tranquillitate animi* (*Von der Seelenruhe*) – die Titel der griechischen Dialoge Plutarchs werden üblicherweise lateinisch zitiert; Heraklit DK 22 B 51 (*Die Vorsokratiker*, Ausw., Übers. und Erl. von J. Mansfeld, Bd. 1, Stuttgart 1983: Heraklit 49).
8 Bronzene Dreifußkessel standen am Weg, der zum Ptoion, dem Heiligtum des Apollon Ptoios, in Boiotien führte (Rekonstruktionszeichnung in: L. Schneider / Ch. Höcker, *Griechisches Festland*, Köln 1996, S. 203).
9 Wegen des Mordes an Iphitos, vgl. Paus. 10,13,8. Er musste sich zuvor durch Reinigungsriten entsühnen.
10 Der siebte Tag des Monats Bysios (Februar/März) galt als Geburtstag des Gottes. Im Frühjahr kehrte der Gott von seinem winterlichen Aufenthalt bei den Hyperboreern nach Delphi zurück.
11 Vgl. Eur. Ion 413 ff.: »Wir walten draußen, andre stehn dem Innern vor, / Die nächst am Dreifuß sitzen, aus der Delpherstadt / Die Besten, Fremdling, die des Loses Wurf erkor« (Übers. Donner). Man nimmt an, dass es einen »Propheten des Innern« und einen »Propheten des Äußeren« gab und sich der Plural hier noch auf die Hosioi bezieht, die die Propheten unterstützten (Roux, 1971, S. 59 f.).
12 Strabon 9,3,5; Diod. 16,26; Plut. mor. 3,433 CD: *De defectu oraculorum* (*Vom Niedergang der Orakel*). Zur »Legende vom

Hirten Koretas« vgl. PW 1, S. 20; Wilamowitz-Moellendorff (1959), Bd. 2, S. 492; Parke (1967), S. 77 ff.; Maaß (1993), S. 6.

13 Vgl. M. Giebel, *Das Geheimnis der Mysterien*, Neuausg., Düsseldorf/Zürich 2000, S. 43, 111.

14 Plut. mor. 3,432 CD (s. Anm. 12), vgl. Müller (1997), S. 536 ff. Siehe auch Strabon 9,3,5; Cic. div. 2,117. Dazu Roux (1971), 142 ff.; Parke (1967), S. 79 ff.; Dodds (1991), S. 46; PW 1, S. 19–24; F 196–212 und hier S. 107.

15 Plat. Phaidr. 244 b–d.

16 Dodds (1991), S. 45; Burkert (1977), S. 188; Luck (1990), S. 308 f. Vgl. auch Parke (1967), S. 80: »We need not doubt that the ecstatic prophecies which she [Pythia] uttered were simply the result of suggestion bringing on a trance.«

17 Lucan. 5,65–236 (*Pharsalia – Vom Bürgerkrieg*); Plut. 3,438 AB (*De defectu oraculorum – Vom Niedergang der Orakel*), vgl. PW 1, S. 37 f.; F 208 ff.; Dodds (1991), S. 45.

18 Plut. mor. 3,397 A (*De Pythiae oraculis – Warum die Pythia nicht mehr in Versen weissagt*); s. auch Heraklit DK 22 B 92; *Die Vorsokratiker*, Ausw., Übers. und Erl. von J. Mansfeld, Bd. 1, Stuttgart 1983: Heraklit 25. Vgl. Verg. Aen. 6,42 ff.: Die Sibylle in Cumae war wohl das Vorbild für die »rasende« Pythia bei Lukan, 5,160 ff. Auf dem Tempelgelände in Delphi gab es den sog. Felsen der Sibylle, die dorthin gekommen sei und geweissagt habe; vgl. Paus. 10,12,1 ff.; Plut. mor. 398 C.

19 Vgl. Dodds (1991), S. 42 ff.

20 Vgl. etwa Plut. mor. 3,511 B (*De garrulitate – Von der Schwatzhaftigkeit*). Er sagt, dass Apollon mit seinen stark komprimierten Sprüchen eher die Weitschweifigkeit als die Unklarheit meide. Vgl. auch Cic. div. 2,115. – Heraklit Frg. DK 22 B 93; *Die Vorsokratiker*, Ausw., Übers. und Erl. von J. Mansfeld, Bd. 1, Stuttgart 1983: Heraklit 26.

21 Tac. Ann. 2,54.

22 Eur. Ion 92 f.; Pind. Pyth. 3,52. – Noch in der Spätantike finden sich Sprüche gegen Krankheiten in ärztlichen Schriften, so bei Marcellus von Side und Pelagonius (vgl. *Antike Zaubersprüche*, übers. und hrsg. von A. Önnerfors, Stuttgart 1991, S. 24 und 56).

23 Vgl. Boardman (1981), zur Rolle Delphis s. S. 193. Vgl. auch PW 1, S. 49–81 sowie Fontenrose (1978), S. 142 ff., der sich gegen eine zu starke Betonung der Rolle Delphis bei der Koloni-

sation ausspricht, ähnlich Defradas (1972). Dazu Londey (1990) und Malkin (1999), von denen die innovative Rolle Delphis bei der Schaffung neuer sozialer Ordnungen betont wird.

24 Kallim. Ap. 55 ff.

25 Hdt. 4,155. Pind. Pyth. 5,87 nennt ihn Aristoteles. – Battos bedeutet griechisch der Stammler. – Fontenrose (1978), S. 120 ff. sieht die Kyrene-Orakel als nicht authentisch an. Bei PW 2, Nr. 39, 40, 41, 42.

26 Vgl. Pind. Pyth. 9. – Das folgende Orakel PW 2, Nr. 42; Anth. Pal. 14,85.

27 PW 2, Nr. 69; Hdt. 4,161. Vgl. Malkin (1989), S. 134; hier wird die Rolle Delphis auch bei politisch-sozialen Reformen betont.

28 PW 2, Nr. 2; PW 1, S. 67, vgl. Thuk. 6,3,1.

29 Pind. Nem. 1,1; Ov. met. 5,573–641; Sen. nat. quaest. 6,8,2.

30 PW 2, Nr. 410; PW 1, S. 64 f. – PW 2, Nr. 3; vgl. F Q 40 und F 141 f.

31 Cic. div. 2,115 f.

32 Dion von Prusa hilft sich anhand eines der Kroisos-Orakel aus einer Lebenskrise, vgl. hier S. 76–78.

33 Cic. div. 1,37 f.

34 Hdt. 1,20.

35 In Versform überliefert bei Aristot. rhet. 1407a 38 (PW 2, Nr. 53; F Q 100); das Orakel (falls historisch) erging 555 v. Chr. – Die anderen Orakelsprüche an Kroisos: PW 2, Nr. 52, 54 (hierzu: Bichler, 1988, 55–56). Vgl. auch F 111 ff.

36 Plat. Charm. 164e.

37 Paus. 10,24,1. Platon: Prot. 343a. Vgl. auch Diog. Laert. 1,40 ff. – Die Sprüche wurden wohl im 6. Jh. v. Chr. am Tempel eingemeißelt.

38 Nach Snell (1971), S. 12 f.

39 Vgl. Diog. Laert. 1,27 ff.; Val. Max. 4, ext. 7. Snell (1971), S. 110–113; PW 2, Nr. 247.

40 Vgl. Plut. mor. 3,511B (*De garrulitate – Von der Schwatzhaftigkeit*).

41 Etwa bei Plut. 1,148 C ff. (*Septem sapientium convivium – Gastmahl der Sieben Weisen*).

42 Vgl. auch Diog. Laert. 1,30; PW 2, Nr. 245.

43 Diog. Laert. 1,30.

44 PW 2, Nr. 242; PW 1, S. 384.

45 Plat. apol. 20c–21a; PW 2, Nr. 134.

46 Plat. apol. 42a.
47 PW 2, Nr. 94, der folgende Spruch Nr. 95; Anth. Pal. 14,92 und 93; PW 1, S. 169 ff.
48 Im 6. Jh. v. Chr. hatte das Orakel die Bewohner der Insel Siphnos vor einer »hölzernen Schar« gewarnt, einer feindlichen Flotte (Anth. Pal. 14,82).
49 Vgl. die antiken Angaben bei Maaß (1993), S. 11.
50 Um 352 v. Chr. PW 2, Nr. 262, Übers. bei Roux (1971), S. 147 f., Vandenberg (1979), S. 188 f.; vgl. auch F H 21; Maaß (1996), S. 76. Bei PW 1, S. 227 werden die Vorsichtsmaßnahmen in Verbindung gebracht mit dem 3. Heiligen Krieg, der u. U. Einschränkungen für den Orakelbetrieb mit sich brachte.
51 Vgl. Hdt. 7,189; PW 2, Nr. 96, dazu Kienast (1995), S. 126–128.
52 Hdt. 9,81. Pausanias sah den Bronzeteil dieser Siegestrophäe noch, das Gold hatten die Phoker eingeschmolzen (10,13,9). Kaiser Konstantin brachte den Teil des Sockels mit den Schlangenleibern nach Konstantinopel; zur sog. Schlangensäule im Hippodrom in Istanbul vgl. eine historische Abbildung bei Melas (1990), S. 113 sowie Maaß (1993), Abb. 15 und 86 und hier Abb. S. 62.
53 PW 2, Nr. 106
54 Plut. Arist. 20,4; PW 2, Nr. 104.
55 Frg. 1 D / 1 W; das von Kallondas gebrauchte Zitat: 38 D / 110 W, beide Nr. 1 und 13 in: Archilochos, *Gedichte*, griech./dt., hrsg. von K. Steinmann, Frankfurt a. M. / Leipzig 1998; die Legende in Delphi ebd. S. 113. – Der Spruch der Pythia: PW 1, S. 397; PW 2, Nr. 4,5.
56 Archil. Fr. 38 D / 110 W, Bezug nehmend auf *Ilias* 18,309: »Allen gemein ist Ares, der auch den Tötenden tötet« (Übers. R. Hampe).
57 PW 2, Nr. 74; Ael. var. hist. 3,43.
58 Vgl. S. Vogt, »Das Delphische Orakel in den Orestes-Dramen«, in: *Orchestra. Drama – Mythos – Bühne*, Fs. H. Flashar, hrsg. von A. Bierl, P. von Möllendorf und S. Vogt, Stuttgart/Leipzig 1994, S. 97–104. S. auch A. Bierl, »Apollo in Greek Tragedy: Orestes and the God of Initiation«, in: Solomon (1994), S. 81–96.
59 PW 2, Nr. 29; A. P. 14,69. Vgl. auch PW 2, Nr. 216–222; PW 1, S. 85 ff.
60 PW 2, Nr. 21; Plut. Lyk. 6, dort auch die Verse des Tyrtaios 3d D. Lykurgs Ende in Delphi: PW 2, Nr. 221; Plut. Lyk. 29. –

Die Bedeutung der spartanischen Beinamen Syllanios bzw. Syllania ist nicht eindeutig geklärt, wohl: ›die Gottheit, die Beute verleiht‹.

61 Tyrt. Fr. 3b D, bei Plut. Lyk. 6.
62 PW 2, Nr. 33; Hdt. 1,67 f.; Anth. Pal. 14,78; PW 1, S. 94 f.
63 PW 2, Nr. 31; Hdt. 1,66,2; Parke, Hist. 110.
64 Plat. pol. 427 b–c; nom. 738 b–c, 759 c–d.
65 Zu Dodona vgl. H. W. Parke, *The Oracles of Zeus: Dodona – Olympia – Ammon*, Oxford 1967; S. Dakaris, »Das Heiligtum von Dodona«, in: E. Melas (Hrsg.), *Tempel und Stätten der Götter Griechenlands*, Köln 1970. Täfelchen mit Anfragen sind ausgestellt im Museum von Ioannina, vgl. L. Schneider / Ch. Höcker, *Griechisches Festland*, Köln 1996, S. 257.
66 Plut. mor. 3,408 C (*De Pythiae oraculis*), vgl. *Die griechische Literatur in Text und Darstellung*, Bd. 5: *Kaiserzeit*, hrsg. von H. Görgemanns, Stuttgart 1988, S. 129–131.
67 Dion Prusius or. 13,1–12 (*In Athen: Über die Verbannung*), in: *Die griechische Literatur in Text und Darstellung*, Bd. 5, S. 196–203. – PW 2, Nr. 462; PW 1, S. 408 f.
68 Hdt. 1,55, hier S. 42.
69 Eur. Ion 303.
70 Überliefert in der Hypothesis zu Soph. Oid. Tyr., vgl. PW 2, Nr. 148, 149; PW 1, S. 298 f.
71 PW 2, Nr. 231.
72 Xen. an. 3,1,5 ff., 3,1,12,6,1,22; Diog. Laert. 2,49 f.; PW 2, Nr. 172; PW 1, S. 404 f.
73 Vgl. M. Giebel, *Reisen in der Antike*, Düsseldorf 1999, Kap. »Xenophon und die Odyssee der Zehntausend«, S. 73–92.
74 PW 2, Nr. 73; PW 1, S. 152 f.; Athenaios 12,520a.
75 Anth. Pal. 9,685; PW 2, Nr. 127; PW 1, S. 391.
76 Thuk. 2,17,1 f.; PW 2, Nr. 122; PW 1, S. 189 f.
77 PW 2, Nr. 109; PW 1, S. 412 f.; F 86 f.
78 Hdt. 6,86; PW 2, Nr. 35, 36; Anth. Pal. 14,91; PW 1, S. 380 f.
79 Ael. var. hist. 3,44; PW 2, Nr. 575, 576; PW 1, S. 382.
80 A. P. 14,74; PW 2, Nr. 591; A. P. 14,71; PW 2, Nr. 592; PW 1, S. 393. Beide Epigramme wurden in der antiken Überlieferung dem delphischen Orakel zugeschrieben.
81 PW 2, Nr. 580; PW 1, S. 390.
82 Val. Max. 1,8, ext. 8 (hier Daphnites genannt); PW 2, Nr. 359; PW 1, S. 390.

83 PW 2, Nr. 317–319. Hier der Text nach Paus. 10,24,2, vgl. auch die Plutarch zugeschriebene Homervita 4,48 f., das Rätsel ebd. 4,67 (*Homeri Opera*, rec. Th. W. Allen, Tom. 5, Oxford 1961, S. 241 f.).

84 PW 2, Nr. 120, indirekt überliefert bei Plut. mor. 1,109 A (*Trostbrief an Apollonios*).

85 Pind. Fragm. 2, pae. 8 (100) BT. Vgl. Plut. mor. 1,109 A; als Erbauer des Tempels werden Trophonios und Agamedes auch im Apollonhymnus erwähnt (V. 295 ff.); ihr Geschick auch bei Cic. Tusc. 1,114, dort auch – nach Hdt. 1,31 – die Geschichte von Kleobis und Biton.

86 Diog. Laert. 5,91 hat sie von Hermippos, einem allerdings nicht sehr vertrauenswürdigen hellenistischen Biographen, vgl. PW 1, S. 407. Herakleides Pontikos war ein bedeutender Philosoph und Schriftsteller, Vertreter Platons in der Leitung der Akademie, aber wohl nicht frei von Eitelkeit (Diog. Laert. 5,89 f.).

87 Vgl. die Geschichte Josephs im Alten Testament: Im Gepäck der Brüder, die Joseph in Ägypten besuchten, wird ein silberner Becher versteckt, vgl. Gen. 44,1 ff.

88 N. Holzberg, *Die antike Fabel*, Darmstadt 1993, S. 92, vgl. auch N. H., »Der Äsop-Roman. Eine strukturanalytische Interpretation«, in: N. H. (Hrsg.): *Der Äsop-Roman. Motivgeschichte und Erzählstruktur*, Tübingen 1992, S. 69–75: Äsop in Delphi; K. Brodersen, »Rache für Äsop. Zum Umgang mit Geschichte außerhalb der Historiographie«, ebd. S. 97–109. Vgl. auch A. Wiechers, *Aesop in Delphi*, Meisenheim 1961.

89 Plut. mor. 3,556 F, 557 AB: *De sera numinis vindicta – Über die späte Bestrafung durch die Gottheit.*

90 Vgl. PW 2, Nr. 464; PW 1, S. 359.

91 PW 2, Nr. 468; PW 1, S. 411. – Wohlwollend gegenüber Liebenden erscheint Apollon auch im Roman; vgl. das Orakel in Heliodors *Aithiopika* 2,35,5.

92 PW 2, Nr. 260; PW 1, S. 234.

93 PW 2, Nr. 268; PW 1, S. 233 ff. Demosthenes: Plut. Dem. 20.

94 PW 2, Nr. 266; PW 1, S. 238.

95 Plut. Alex. 14; PW 2, Nr. 270.

96 PW 2, Nr. 329; PW 1, S. 254 ff.

97 Plut. Thes. 24; Paus. 1,20,4 ff.; PW 2, Nr. 434, vgl. Nr. 154; PW 1, S. 280 f.

98 PW 2, Nr. 354; PW 1, S. 271 f.; Liv. 22,57,5; 23,11.

99 Nach Ov. fast. 4,263 und Liv. 29,11,5 f. konsultierte man Apollon in Delphi, der riet, sich an König Attalos von Pergamon zu wenden. Die Priester befürworteten wohl dem König gegenüber Roms Gesuch.

100 PW 2, Nr. 353; PW 1, S. 274; Ov. met. 15,630–745. Bei Liv. 10,47,7 und Val. Max. 1,8,2 waren die *Sibyllinischen Bücher* ausschlaggebend für die Einführung des Asklepioskultes in Rom.

101 Enn. ann. Frg. 186 Vahlen; bei Quint. 7,9,6 als Beispiel für *ambiguitas*, Zweideutigkeit. PW 2, Nr. 441; Cic. div. 2,116; Min. Fel. 26,6; Aug. civ. 3,17.

102 Suet. Nero 40,3; PW 2, Nr. 462; PW 1, S. 283 f. – Mit dem Aufstand des Vindex in Gallien 68 n. Chr. begann Neros Untergang; Vindex trug Galba, damals Statthalter in Spanien, die Kaiserwürde an.

103 Zu Lukians Kritik an Apollon vgl. Iupp. trag. 21,20; Iupp. conf. 20,13 f. Das Zitat hier aus *Philopatris* 82,5; Übers. aus: Lukian, *Werke in 3 Bänden*, hrsg. von J. Werner und H. Greiner-Mai, übers. von Ch. M. Wieland, Berlin/Weimar [2]1981, Bd. 3, S. 435.

104 Vgl. Iuv. 6,553 ff.: »Das Orakel in Delphi schweigt, die Chaldäer genießen ohnehin größeres Vertrauen.«

105 *De E apud Delphos* (*Über das E* [den am Tempel angeschriebenen Buchstaben] *in Delphi*); *De Pythiae oraculis* (*Warum die Pythia nicht mehr in Versen weissagt*); *De defectu oraculorum* (*Über den Niedergang der Orakel*). In Delphi spielt auch *De sera numinis vindicta (Über das späte Strafen der Gottheit)*. Zum Zweiten der genannten Dialoge vgl. hier S. 25 f.

106 Vgl. Luck (1990) über die Dämonologie mit Auszügen aus Plutarch: S. 220–222; 273–282; 310–314. Augustinus handelt ausführlich über die Dämonenlehre in den Büchern 8–10 im *Gottesstaat*, vgl. auch Min. Fel. 26,5 ff. – Siehe auch Wilamowitz-Moellendorff (1959), Bd. 2, S. 494 f.

107 Vgl. Müller (1997), S. 537 f.

108 Plut. mor. 3,409 EF (*De defectu oraculorum*); PW 2, Nr. 14 F. Q 66; vgl. K. Ziegler, *Plutarchos von Chaironeia*, Stuttgart 1964, Sp. 200 f. (Sonderdruck). – Epimenides von Kreta: ein Priester und Seher mit legendenhaften Zügen, um 600 v. Chr.

109 PW 2, Nr. 475; PW 1, S. 287 f.

110 PW 2, Nr. 518; PW 1, S. 289; F Q 250.

111 Die Legende findet sich der *Legenda aurea* des Jacobus de Voragine sowie in den *Mirabilia urbis Romae*, vgl. F. Gregorovius, *Geschichte der Stadt Rom im Mittelalter*, München 1978, Bd. 2,1, S. 200 f. – Die Christen verwandten übrigens das Wort Orakel für göttliche Eingebungen. Wie Augustinus berichtet, fühlte sich der spätere Mönchsvater Antonius beim Hören eines bestimmten Evangeliumstextes berufen und wandte sich *tali oraculo*, »auf einen solchen göttlichen Spruch hin«, sogleich Gott zu (Aug. conf. 8,12,29).

112 PW 2, Nr. 476; PW 1, S. 289 f.; F Q 263, unter die »quasi-historical responses« gerechnet. Als christliche Fälschung vermutet bei Bowra (1959), vgl. auch Maaß (1993), S. 17 f. Das von Julian geschätzte Orakel des Apollon in Daphne bei Antiochia war nach Aussage der Priester erst kürzlich verstummt, weil die Christen dort einen Toten (den Märtyrer Babylas) beigesetzt und so den Ort entweiht hatten. Vgl. Iul. mis. 361 B (Julian Apostata, *Der Barthasser*, übers. und hrsg. von M. Giebel, Stuttgart 1999, S. 36, mit Anm. 82). – Julian über Apollon: Or. 6, 188 A (*Rede gegen die ungebildeten Kyniker*).

Literaturhinweise

Textausgaben

Der Text der Orakelsprüche ist zitiert nach:

Parke, H. W. / Wormell, D. E. W.: The Delphic Oracle. Volume I: The History. Volume II: The Oracular Responses. Oxford: Blackwell, 1956. [Zit. als: PW 1, PW 2.]

Fontenrose, J.: The Delphic Oracle. Its Responses and Operations with a Catalogue of Responses. Berkeley: University of California Press, 1978. [Zit. als: F.] [Vgl. dazu Rez. F. E. Brenk, in: Gnomon 52 (1980) S. 700–706.]

Die Übersetzungen der Orakelsprüche sind zitiert nach:

Aelian: Bunte Geschichten. [Auswahl.] Hrsg. und übers. von H. Helms. Leipzig: Reclam, 1990.

Anthologia Graeca. [= Anthologia Palatina, zit. als: Anth. Pal.] Griech.-Dt. Hrsg. von H. Beckby. 4 Bde. München: Heimeran, 1957–58. – Abdruck der Übers. Bd. 4, S. 205, 227, 409, mit Genehmigung des Artemis & Winkler Verlags, Düsseldorf.

Athenaios: Das Gelehrtenmahl. Aus dem Griech. von U. und K. Treu. Leipzig: Dieterich, 1985.

Cicero's zwei Bücher von der Weissagung. Übers. und erkl. von R. Kühner. Stuttgart: Hoffmann, 1864.

Diogenes Laertios: Leben und Lehre der Philosophen. Aus dem Griech. übers. und hrsg. von F. Jürß. Stuttgart: Reclam, 1998.

Dion von Prusa. In: Die griechische Literatur in Text und Darstellung. Bd. 5: Kaiserzeit. Hrsg. von H. Görgemanns. Stuttgart: Reclam, 1988. S. 193–203.

Eusebios. Praeparatio evangelica. Übers. von E. Melas. In: M. Maaß: Das antike Delphi. Orakel, Schätze und Monumente. Darmstadt 1993.

Herodotos: Forschungen. Übers. und hrsg. von E. Richtsteig. Limburg a. d. L.: Limburger Vereinsdruckerei, 1953.

Herodot. In: Anthologia Graeca. [= Anth. Pal.] Griech.-Dt. Hrsg. von H. Beckby. Bd. 4. München: Heimeran, 1958. – Abdruck der

Übers. S. 207, 209, 211, 213, 217 f., mit Genehmigung des Artemis & Winkler Verlags, Düsseldorf.
Herodot: Die Bücher der Geschichte. Auswahl. Übertr., Einl. und Anm. von W. Sontheimer. 2 Bde. Stuttgart: Reclam, 1958 [u. ö.].
Kallimachos: Werke. Hymnen und Epigramme. Übers. von K. Schwenk. Stuttgart: Metzler, 1833.
Pausanias: Beschreibung Griechenlands. Übers. und hrsg. von E. Meyer. 2 Bde. München: Deutscher Taschenbuch Verlag, 1972.
Pindar: Oden. Griech.-Dt. Übers. und hrsg. von E. Dönt. Stuttgart: Reclam, 1986.
Plutarch: Lebensbeschreibungen. Nach der Übers. von J. F. Kaltwasser bearb. von H. Floerke. 6 Bde. München: Goldmann, 1964.
Thukydides: Geschichte des Peloponnesischen Krieges. Übers. und hrsg. von G. P. Landmann. Reinbek bei Hamburg: Rowohlt, 1962.
Thukydides. Übers. von A. Wahrmund. Berlin: Langenscheidt, 1885.

Zitate ohne Übersetzerangabe sind von der Herausgeberin übersetzt.

Weiterführende Literatur

Amandry, P.: La Mantique apollinienne à Delphes. Essai sur le fonctionnement de l'oracle. Paris 1950.
Anderson, L.: Studies in Oracular Verses. Concordance to Delphic Responses in Hexameter. Kopenhagen 1987.
Bichler, R.: Herodot als Dichter eines delphischen Versorakels (Zu Hdt. I 55,2). In: Grazer Beiträge 15 (1988) S. 47–59.
Boardman, J.: Kolonien und Handel der Griechen. München 1981.
Bowra, C. M.: ΕΙΠΑΤΕ ΤΩΙ ΒΑΣΙΛΕΙ. In: Hermes 87 (1959) S. 426–435.
Bruit Zaidmann, L. / Schmitt Pantel, P.: Die Religion der Griechen. Kult und Mythos. München 1994.
Burkert, W.: Griechische Religion der archaischen und klassischen Epoche. Stuttgart [u. a.] 1977.
Defradas, J.: Les thèmes de la propagande delphique. Paris 1954.
Dodds, E. R.: Die Griechen und das Irrationale. Darmstadt 1991.
Dougherty, C.: When Rain Falls from the Clear Blue Sky: Riddles

and Colonization Oracles. In: Classical Antiquity 11 (1992) S. 28–44.
Fauth, W.: Pythia. In: Realencyclopädie der classischen Altertumswissenschaft XXIV. Stuttgart 1963. Sp. 515–547.
Fontenrose, J.: Python. A Study of Delphic Myth and its Origins. Berkeley / Los Angeles / London 1980.
Forrest, W. G.: Colonization and the Rise of Delphi. In: Historia 6 (1957) S. 160–175.
Gregory, T. E.: Julian and the Last Oracle at Delphi. In: Greek, Roman and Byzantine Studies 24 (1983) S. 355–366.
Gruben, G.: Die Tempel der Griechen. München 1966.
Herrmann, H.-V.: Zur Bedeutung des delphischen Dreifußes. In: Boreas 5 (1982) S. 54–66.
Holzhausen, J.: Zur Inspirationslehre Plutarchs in De Pythiae oraculis. In: Philologus 137 (1993) S. 72–91.
Hoyle, P.: Delphi und sein Orakel. Wesen und Bedeutung des antiken Heiligtums. Wiesbaden 1968.
Kienast, D.: Die Politisierung des griechischen Nationalbewusstseins und die Rolle Delphis im großen Perserkrieg. In: Rom und der Griechische Osten. Fs. Hatto H. Schmitt. Hrsg. von Ch. Schubert und K. Brodersen. Unter Mitarb. von U. Huttner. Stuttgart 1995. S. 117–133.
Kirchberg, J.: Die Funktion der Orakel im Werke Herodots. Göttingen 1965.
Klees, H.: Die Eigenart des griechischen Glaubens an Orakel und Seher. Ein Vergleich zwischen griechischer und nichtgriechischer Mantik bei Herodot. Stuttgart 1964.
Kolk, D.: Der pythische Apollonhymnus als aitiologische Dichtung. Meisenheim 1963.
Levin, S.: The Old Greek Oracles in Decline. In: ANRW II,18,2 (1989) S. 1599–1649.
Londey, P.: Greek Colonists and Delphi. In: J.-P. Descoeudres (Hrsg.): Greek Colonists and Native Populations. Canberra/Oxford 1990. S.117–127.
Luck, G.: Divination. In: G. L.: Magie und andere Geheimlehren in der Antike. Stuttgart 1990. S. 289–382.
Maaß, M.: Das antike Delphi. Orakel, Schätze und Monumente. Darmstadt 1993.
– (Hrsg.): Delphi – Orakel am Nabel der Welt. Ausstellung des Badischen Landesmuseums Karlsruhe 1996. Sigmaringen 1996.

Malkin, I.: Religion and Colonization in Ancient Greece. Leiden [u. a.] 1987.
– Delphoi and the Founding of Social Order in Archaic Greece. In: Metis 4,1 (1989) S. 129–153.
Melas, E.: Delphi. Die Orakelstätte des Apollon. Köln 1990.
Miller, Th.: Die griechische Kolonisation im Spiegel literarischer Zeugnisse. Tübingen 1997.
Müller, K. E.: Geschichte der antiken Ethnologie. Reinbek bei Hamburg 1997. [S. 533–538 zu Plutarch und Delphi.]
Nilsson, M. P.: Geschichte der griechischen Religion. Bd. 1. München [3]1992. (Handbuch der Altertumswissenschaft. 5.)
– Cults, Myths, Oracles and Politics in Ancient Greece. Lund 1951. – Neuausg. Göteborg 1986.
Ortkemper, H.: Delphi. In: H. O. (Hrsg.): Führer durch das klassische Griechenland. Frankfurt a. M. / Leipzig 1997. S. 116–140.
Parke, H. W.: A History of the Delphic Oracle. Oxford 1939.
– Greek Oracles. London 1967.
– Croesus and Delphi. In: Greek, Roman and Byzantine Studies 25 (1984) S. 208–232.
Price, S.: Delphi and Divination. In: P. E. Easterling / J. V. Muir (Hrsg.): Greek Religion and Society. Cambridge 1985. S. 128–154.
Rohrbach, H. H.: Kolonie und Orakel. Diss. Heidelberg 1960.
Rosenberger, V.: Griechische Orakel. Eine kulturgeschichtliche Darstellung. Darmstadt 2001.
Roux, G.: Delphi. Orakel und Kultstätten. München 1971.
Schadewaldt, W.: Der Gott von Delphi und die Humanitätsidee. Pfullingen 1965.
Schneider, L. / Höcker, Ch.: Delphi – politisches Orakel und Repräsentationsforum der antiken Welt. In: L. Sch. / Ch. H.: Griechisches Festland. Köln 1996. S. 212–235.
Schroeder, S.: Plutarchs Schrift *De Pythiae oraculis*. Text, Einleitung, Kommentar. Stuttgart/Leipzig 1990.
Snell, B.: Leben und Meinungen der Sieben Weisen. München [4]1971.
Solomon, J. (Hrsg.): Apollo. Origins and Influences. Tucson/London 1994.
Sourvinou-Inwood, Ch.: The Myth of the First Temples at Delphi. In: Classical Quarterly 29 (1979) S. 231–251.
Vandenberg, Ph.: Das Geheimnis der Orakel. München 1979.

Wilamowitz-Moellendorff, U. von: Der Glaube der Hellenen. 2 Bde. Darmstadt 1959. [Zu Plutarch in Delphi: Bd. 2. S. 489–495.]

Ziegler, K.: Plutarchos von Chaironeia. Stuttgart 1964. [Sonderdruck der Realencyclopädie der classischen Altertumswissenschaft.]

Griechische Literatur

IN RECLAMS UNIVERSAL-BIBLIOTHEK

Philosophie

Aristoteles, *Kleine naturwissenschaftliche Schriften.* 208 S. UB 9478 – *Die Kategorien.* 117 S. UB 9706 – *Metaphysik.* 445 S. UB 7913 – *Nikomachische Ethik.* 383 S. UB 8586 – *Poetik.* Zweispr. 181 S. UB 7828 – *Politik.* 613 S. UB 8522 – *Rhetorik.* 256 S. UB 18006 – *Über die Welt.* 64 S. UB 8713

Demokrit, *Fragmente zur Ethik.* Zweispr. 235 S. UB 9435

Diogenes Laertios, *Leben und Lehre der Philosophen.* 580 S. UB 9669

Epiktet, *Handbüchlein der Moral.* Zweispr. 108 S. UB 8788

Epikur, *Briefe, Sprüche, Werkfragmente.* Zweispr. 173 S. UB 9984

Marc Aurel, *Selbstbetrachtungen.* 188 S. UB 1241

Parmenides, *Über das Sein.* Zweispr. 214 S. UB 7739

Platon, *Apologie des Sokrates.* Zweispr. 123 S. UB 8315 – *Apologie des Sokrates. Kriton.* 96 S. UB 895 – *Charmides.* Zweispr. 128 S. UB 9861 – *Euthyphron.* Zweispr. 79 S. UB 9897 – *Das Gastmahl oder Von der Liebe.* 118 S. UB 927 – *Gorgias oder Über die Beredsamkeit.* 184 S. UB 2046 – *Ion.* Zweispr. 72 S. UB 8471 – *Laches.* Zweispr. 102 S. UB 1785 – *Menon.* Zweispr. 125 S. UB 2047 – *Parmenides.* Zweispr. 207 S. UB 8386 – *Phaidon oder Von der Unsterblichkeit der Seele.* 125 S. UB 918 – *Phaidros oder Vom Schönen.* 104 S. UB 5789 – *Protagoras.* Zweispr. 224 S. UB 1708 – *Der siebente Brief.* 72 S. UB 8892 – *Der Sophist.* Zweispr. 272 S. UB 6339 – *Der Staat.* 725 S. UB 8205 – *Theätet.* Zweispr. 270 S. UB 6338

Die Vorsokratiker I (Milesier, Pythagoreer, Xenophanes, Heraklit, Parmenides). Zweispr. 336 S. UB 7965 – *Die Vorsokratiker II* (Zenon, Empedokles, Anaxagoras, Leukipp, Demokrit). Zweispr. 351 S. UB 7966

Xenophon, *Erinnerungen an Sokrates.* 175 S. UB 1855 – *Das Gastmahl.* Zweispr. 127 S. UB 2056

Philipp Reclam jun. Stuttgart